KB268891

아시아의 비극

하세가와 게이타로 지음 · 이 중 호 옮김

한국경제신문사

1997년 7월 초 태국 바트화의 평가절하로 촉발된 아시아의 금융위기가 눈사태처럼 확산되고 있다. 마치 산정상에서 굴러 내려오는 엄청난 크기의 눈덩이 같다. 더욱이 실물경제 불안에서 출발한 금융위기가 증폭되면서 다시 실물경제의 발목을 붙잡는 악순환이 나타나고 있어 아시아 경제의 장래에 치명적인 암운을 드리우고 있다.

바로 얼마 전까지 국제사회에서 선망과 질시의 대상이었던 아시아 경제가 갑작스럽게 표류하기 시작한 것은 무엇 때문일까? 전문가들은 크게 두 가지 시각으로 나뉘고 있다.

그 하나는 경기순환에 따른 자연스런 조정국면이라는 것이다. 이런 시각은 아시아 지역 정부 및 경제전문가들로부터 지지를 얻고 있다.

경기순환론은 최근 아시아 경제위기를 1995년 중반 미 달러화의 강세로 인해 전반적으로 아시아 지역의 수출이 부진한 데서 원인을 찾고 있다. 이런 달러화 강세는 달러화가 연동돼 있던 동남아시아 통화의 고평가를 유발해 동남아시아 국가들의 수출부진과 경상수지 악화를 낳았다. 또 엔저로 인한 일본 상품의 가격경쟁력이 회복되어 수출시장이 중복되는 한국 등에 불리하게 작용했다는 것이다. 반도체시장도 마찬가지다.

이와는 달리 아시아 경제위기가 구조적인 요인에서 비롯됐다는 분석도 있다. MIT 대학의 폴 크루그먼(Paul Krugman) 교수가 그 주장의 대표격이다. 국가에 따라 다르긴 하지만 아시아 경제의 구조적 요인으로는 정부의 지나친 규제와 개입, 비효율적인 금융시장, 관료주의 및 부패 등이 주로 거론된다. 한마디로 시장경제 원리가 지켜지지 않아 자원낭비가 심하다는 것이다. 경제논리를 무시한 정책금융과 과도한 부동산 투자 등으로 금융기관들의 부실화가 심각해지고 있는 것이 단적인 예다.

아시아의 위기가 세계경제 전체에 심각한 불황을 몰고

올 가능성이 있다는 주장이 많다. 일부 보고서에는 1930년대의 세계 대공황과 현재를 비교하는 분석이 게재되기도 한다.

미국 엔터프라이즈연구소의 메이킨 연구원은 『아시아의 위기가 1930년대 세계 대공황과 비슷하게 전개될 가능성이 있다. 1930년대 공황의 3대 요인이 디플레이션, 통화가치의 경쟁적 하락, 보호주의였는데 아시아의 위기가 진정되지 않을 경우 이러한 현상이 나타날 수도 있다』고 지적한다.

이를 좀더 구체적으로 살펴보면, 아시아 경제는 국제통화기금(IMF)의 지원과 긴축으로 일단 파국을 면한다. 그러나 내수가 극도로 축소된 상황에서 아시아 국가들이 침체를 극복할 수 있는 길은 수출밖에 없다. 그러나 세계시장은 이를 충분히 소화해낼 수 없다. 따라서 아시아 각국은 수출을 위해 경쟁적으로 환율을 올리게되고, 이것은 수출단가를 떨어뜨려 아시아 기업의 수지를 악화시킨다. 이런 추세를 더 악화시키는 것이 중국이다. 중국 역시 외자를 이용해 현재 대대적인 생산활동을 전개하고 있으며 환율상승 경쟁에 참여하게 된다. 값싼 물건이 선진국으로 급격히 유입되면 보호주의가 강화된다. 미국에서는 벌써부터 보호주의적인 경향이 나타나고 있다. 이런 현상은 개도국의 수출시장을 더욱 축소시키는 결과를 초래해 환율상승 경쟁을 가열시키게 될 것이다. 그러면 디플레이션과 환율상승 경쟁이 세계적인 차원에서 전개되고 개도국 기업들의 수지는 더욱 악화된다. 결국 외환금융위기를 더욱 가중시키고 투자된 선진국들의 자본도 파산하는 상황이 나타나는 것이다.

일부 전문가들은 아시아의 과잉생산이 단시일 내에 해소되지 않으면 이런 현상이 나타날 수 있다고 경고한다. 결국 아시아의 위기가 세계경제 차원의 문제라는 것을 말해주는 것이다.

외환위기를 현명하게 이겨낸 대표적인 사례로 멕시코를 꼽는다. 멕시코는 외환위기의 본질을 파악해 부가세율과 공공요금 인상, 정부지출 삭감과 같이 강도 높은 구조조정 정책을 세워 실천하는 데 긴 시간이 걸리지 않았기 때문에 극복이 가능했다. 그러나 IMF에서 지원을 받았거나 지원받기 위해 대기하고 있는 아시아 국가들을 살펴보면, 아직 문제의 심각성은 물론 본질조차 파악하지 못하고 있는 국가가 많다.

외환위기를 촉발시킨 태국은 위기를 초기에 적절히 관리하지 못한 중앙은행 총재를 새 내각의 중요 직책에 임명했다. 정부권력이 집중화된 말레이시아는 자국 금융

시스템의 부실을 철저히 분석하기보다는 외국에서 희생양을 찾고 있다. 인도네시아는 아직 대통령 직계 가족들 사이에 권력 다툼이 그치지 않고 있어 IMF와 합의한 구조조정 정책도 실행하지 못하고 있다. 한국도 위기에 대한 대응이 너무 늦었고 반응도 너무 빈약했다.

아시아 각국 정부의 가장 큰 문제는 부패와 친인척에 대한 특혜다. 이에 대한 개혁이 이루어지지 않고서는 어떤 금융개혁도 성공을 보장받기 힘들다는 것이 공통된 견해다.

그러면 아시아 경제위기에 대한 처방은 없는가?

세계 최고 수준의 저축률과 교육투자, 상대적으로 건실한 재정정책 등 아시아 경제의 기조가 튼튼하다는 점에 대해서는 이론이 없다. 따라서 아시아 국가들이 개방과 자율의 정책기조를 더욱 강화하면 앞으로 1~2년 뒤엔 경제가 회복되어 옛 명성을 다시 살릴 수 있을 것이라는 주장도 나오고 있다.

세계 정치·경제·국제정보에 대해 정확한 분석으로 명성을 떨치고 있는 국제적인 이코노미스트로서 우리 국내 독자들에게도 많이 알려져 있는 이 책의 저자 하세가와 게이타로 씨도 아시아 위기의 원인은 각 나라마다 다른 요인이 있긴 하지만, 다 나름대로 안고 있는 구조적인 모순에서 기인한다고 주장한다.

고도성장이라는 가면 속에 감춰진 엄청난 모순과 격차가 이번 경제위기를 계기로 도금이 벗겨진 채로 적나라하게 드러났다는 것이다. 특히 우리 한국에 대해서도 전편에 걸쳐 충고의 말을 많이 담고 있다. 우리의 경제가 너무 높게 평가되었다는 것이다. OECD 가입으로 기분에만 들떠 있을 것이 아니라 중진국 정도의 경제력밖에 가지고 있지 않은 자신의 실상을 제대로 파악하라는 고언에 절로 귀가 기울여진다.

저자가 가장 우려하는 것은 중국 경제의 붕괴다. 만약 중국 경제에 위기가 폭발하면 도시, 농촌할 것 없이 발생한 대량 실업자가 법질서를 무시해 내전의 형태로 위기가 순식간에 확산될 가능성이 있다고 주장한다. 또한 중국 정부는 중국 경제의 위기를 극복하기 위해 중국에 반환된 홍콩의 경제적 번영을 희생할 생각까지 있는 것으로 보고 있다. 1998년 봄 이후 본격적으로 중국의 위기가 폭발할 위험이 도사리고 있다고 보는 저자는 그 이유로 홍콩달러화의 대미 달러 연동제 붕괴를 들고 있다. 그것을 신호로 홍콩경제에 일대 혼란이 오고 중국 전국토에 위기의 폭발로 이어질 수 있다는 것이다. 과연 그렇게 되면 중국은 어떻게 될까? 그리고 세계는 어떻게 변할까?

그러나 그가 이렇게 낙심천만한 애기만 하고 있는 것은 아니다. 1999년 이후 세계경제활동의 경기순환이 정상궤도에 복귀하면 비교적 질이 뛰어난 아시아의 풍부한 노동력을 바탕으로 높은 성장률이 부활될 것으로 예측한다. 그러나 그 때는 자유경쟁의 형태가 판매경쟁의 형태로 이어져 기업의 운명을 좌우하게 될 것이라고 전망한다.

이 책을 읽는 독자들은 한국을 포함한 아시아 각국의 실태를 적나라하게 묘사한 내용을 보고「등골이 서늘해지는 충격」을 받는 사람도 있을 것이다. 항상 위기에 대처하면 위기가 곧 기회라고들 하면서도 위기대처의 구체적 방법에 대해서는 머리를 안 쓴다.

생각해보면 위기 진단과 치료에는 바깥의 의견에 귀기울이는 것이 결정적으로 도움이 되는 경우가 많다. 이 책은 우물 안에서 자기 만족으로 살아온 우리에게, 우물 밖에서 두레박에 담아 그 진단과 치료제를 우물 안으로 던지는 책이라고 할 수 있다. 우리가 IMF를 극복하려면 외부의 의견과 연구내용에 대해서도 진지하게 귀를 기울여야 한다. 이런 생각에서 이 책을 번역하게 되었다.

일본에서 연일 베스트셀러에 오르고 있는 이 책은 IMF

사태의 원인과 발생, 진행과정, 앞으로의 예상진로에 대
한 종합적인 검토서로서 우리의 방향설정에 귀중한 참고
자료가 될 것으로 보인다.

극심한 출판 불황 속에서도 IMF 사태에 대한 계몽 차
원에서 이 책의 내용을 이해하고 출판을 결심한 한국경
제신문사 출판팀 여러분께 진심으로 감사드린다.

1998년 4월
역자 이 중 호

저자의 말

1997년 세계 정세에서 가장 충격적인 사건은 동아시아의 경제위기다. 게다가 아시아 경제위기는 그 직전까지 아무도 예견하지 못했던 만큼 충격은 더욱 컸다.

위기를 맞은 당사국은 물론이고, 전세계 경제계에도 예상을 훨씬 뛰어넘는 심각한 위기로 발전하는 등 상상할 수 없는 사건으로 크게 대두되었다.

일단 발생한 위기는 공통적으로 통화위기를 수반했다. 그것도 짧은 사이에 진원지인 태국에서 남아시아 전역으로 퍼졌다. 뿐만 아니라 한국, 대만, 그리고 공업화가 진행된 동북아시아의 여러 나라에도 순식간에 파급되었다. 바야흐로 아시아 전역에 걸친 경제위기로 발전한 것이다.

1997년 초까지만 해도 이 정도로 심각한 경제위기가 닥쳐오리라는 것은 누구도 생각하지 못했다. 예상 밖의 움직임, 매우 단기간에 아시아 전역으로 확산된 전염성, 엄청난 파장, 그리고 무엇보다 그 후유증은 매우 심각했다.

따라서 우리의 앞날을 위해서도 이러한 사태에 대해 본격적인 검토가 필요하다. 무엇보다도 중요한 일은 어떤 이유로, 어떤 원인으로 이러한 경제위기가 발생했는가를 밝히는 것이다. 그래야 미래를 준비할 수 있는 것이다.

일본이라고 동아시아 경제위기의 영향권에서 벗어날 수는 없다. 앞으로 일본 경제의 동향을 분석하는 데에는 날마다 심각해지고 있는 동아시아 경제위기의 움직임을 무시할 수 없기 때문이다.

또한 지금의 경제위기가 상상 이상으로 장기화하는 사태를 피할 수 있을 것 같지는 않다. 표면적으로는 경제위기의 혼란이 미치지 않는 듯이 보이는 중국과 홍콩에도 이제 곧 직접·간접으로 위기가 파급되는 것은 필연적이라고 판단된다. 때문에 앞으로 중국 국내 정세에도 큰 변화가 있을 것으로 예상된다.

　이번 경제위기의 영향이 미치는 곳을 국제금융시장으로 한정해야 할 필요가 있긴 하다. 그렇지만 국제사회의 지원체제, 즉 국제통화기금(IMF) 주도 아래 거액의 긴급지원이 이루어졌음에도 불구하고 좀처럼 통화위기가 진정되지 않고 있다. 따라서 지원체제에 대한 재검토가 필요하다는 논의에도 귀를 기울여야 할 것으로 보인다.

　이번 경제위기의 원인규명과 대책을 마련하는 데에는 이와 같이 다각적인 검토작업이 필요하다. 이렇게 중요한 시점에 급히 이 책을 간행하게 되었다. 독자들이 이 책을 통해 신문과 텔레비전에 계속 보도되는 아시아 정세의 배경에 있는 변화까지 파악할 수 있게 된다면 저자로서 더 바랄 것이 없다.

하세가와 게이타로

차 례

역자의 말 / 3
저자의 말 / 11

제 1 장   아시아는 어떻게 붕괴되는가

1. 세계 최고의 경제성장률은 거품이었나 — 폴 크루그먼의 주장 • 25

한순간에 사라진 번영 ······························· 25
크루그먼의 주장은 옳았다 ······················· 26
일본과 미국에 의해 지탱되는 허약한 기반 ··············· 27
경제성장은 일본 엔화상승의 부산물 ··············· 28
경제위기를 가져온 착오와 방만한 재정 ··············· 30

2. 극복할 수 없었던 아시아의 후진성 — 낙후된 정치제도와 경제체제 • 31

일본 기업의 다국적화 ··· 31

아시아에서는 아직 냉전이 끝나지 않았다 ················ 32

뒤떨어져 있는 정치체제 ··· 33

정책에 실패해도 책임질 사람이 없다 ······················ 34

근대화 · 합리화를 저지하는 사회제도 ······················ 35

3. 중국의 그림자 — 저임금노동력으로 동아시아를 뒤쫓는다 • 37

중국의 개혁 · 개방정책을 이용한 일본 ····················· 37

실패로 끝난 일본 기업의 중국 진출 ························· 37

소비재 공급기지로서의 중국 ······································· 38

중국 소비재의 막강한 국제경쟁력 ···························· 39

경제위기는 구조적인 것이다 ······································· 40

동남아시아 국가들의 자동차공업 조업단축 ·············· 41

제 2 장   세계경제의 기조

1. 21세기 경제의 참모습 — 가격하락과 세계 단일시장 • 45

냉전의 종결 ··· 45

인플레이션으로부터 디플레이션으로 ························· 47

세계 단일시장으로의 편입 ·· 48

한국 경제의 붕괴는 없다 ·· 49

세계시장이 정치지도자의 손발을 묶는다 ················· 51

2. 인플레이션 시대의 마감 — 「냉전」의 종결로 「평화의 배당」을 얻
   는다 • 51
   　자유와 시장 …………………………………………………… 51
   　새로운 경영 시스템 ……………………………………… 52
   　선진국엔 유리, 개발도상국엔 냉엄한 상황 …………… 54

3. 세계와 아시아의 격차 — 아직 진행 중인 냉전 • 54
   　중국에 대한 융화노선 …………………………………… 54
   　여전히 중요한 미 · 일 안보체제 ……………………… 56

4. 미국 역할의 변화 — 소비시장의 제공과 기축통화의 역할 다하는 미국
   달러 • 57
   　냉전의 수호신으로부터 세계의 경찰관으로 …………… 57
   　우수한 경제 대국으로서의 역할 ……………………… 58
   　유럽 단일통화의 한계 …………………………………… 59
   　세계 핵심두뇌로서의 뉴욕 ……………………………… 60
   　투기에 좌우되는 동아시아의 경제위기 ……………… 61
   　국치인가 국제화인가 — IMF의 조건 ………………… 62

제 3 장　아시아의 번영은 어떻게 태어났을까

1. 높은 성장률의 매력 — 선진국보다 풍부한 투자기회 • 65
   　정치적인 안정성 …………………………………………… 65
   　정치의 후진성이 경제성장을 촉진했다 ……………… 66

양질의 저렴한 노동력 ······················ 68

2. 저임금의 매력 — 풍부한 노동력의 공급원은 농촌의 분해 • 69

동북아시아 · 동남아시아 · 중국의 차이 ············ 69

청년 노동력의 대량공급원 ···················· 71

대미 달러화 연동의 의미 ···················· 72

3. 공업화 촉진정책 — 세제와 외환정책 효과를 최대한 이용 • 73

외국 기업과 자금 적극 도입 ················· 73

대미 달러화 연동 시스템의 문제 ··············· 74

한계에 달한 공업화 ······················· 75

정치위기는 발생하지 않았다 ················· 76

축소되는 아시아 각국의 대형 프로젝트 ············ 77

제 4 장   아시아에 유입된 방대한 외국 자본

1. 국내 자본은 어디로 갔는가 — 경제성장의 원천은 외국 자본 • 81

필요한 자금 조달방법 ······················ 81

국내 자금형성으로 빠른 경제성장 달성 ··········· 82

국내 자본축적에 전력을 기울인 일본 정권 ········· 83

농지개혁 없는 동남아시아 ··················· 85

정부가 금융을 쥐고 있는 한국 ················ 86

외자를 도입할 수 있는 특정 기업 그룹 ··········· 87

권력에 의해 자금배분이 좌우된다 ·············· 88

2. 외자와 금융시장―금융의 국제화에 의거한 성장효과의 한계 • 89

국제투기자금의 영향력 강화 ································· 89

기반이 취약한 금융시장 ······································ 90

3. 국제수지―수출경쟁력이 낮아진다 • 91

제조업의 외형적인 성장 ······································ 91

단기적인 경영자의 관점 ······································ 92

기초산업을 중시한 한국과 대만 ···························· 93

엔화상승을 성장의 계기로 ··································· 94

연구개발투자가 낮은 한국과 대만 ························· 95

대미 흑자, 대일 적자 정착 ································· 96

소비재의 국제경쟁에 뛰어든 중국 ························· 97

4. 엔화상승 효과―일본 기업의 국제화로 인한 대규모 진출 • 98

엔화상승이 낳은 다국적화 ··································· 98

세계 제일의 민간 연구개발투자 ···························· 98

자본재의 비가격경쟁력이 결정적인 요소 ··············· 100

생산거점의 일부를 이전 ····································· 102

일본 기업에 한층 더 편입 ································· 103

「한강의 기적」이 소멸된 이유 ····························· 105

제5장 중국 경제의 영향

1. 개혁 · 개방정책 — 중국경제 급성장의 원동력 • 109

　성공한 기본정책 ··109

　평균 수명으로 보는 국력 ······································110

　중국공산당의 위기감··112

　농촌의 개방이 높은 경제성장을 낳는다 ···············113

　환상에 사로잡힌 중국 진출 러시 ··························114

2. 시장경제 — 중앙권력의 쇠퇴와 자유경쟁 • 115

　계획경제체제의 붕괴 ···115

　과잉생산능력 아래에서의 경쟁 ·····························116

　방대한 불량채권 ···118

　금융기관의 방만한 경영 ···120

3. 중국상품의 경쟁력 — 인민위안화의 평가절하로 일시에 경쟁력 강화 • 120

　대미 고정환율제 확립 ···120

　중국을 위해 이용되는 홍콩 ···································122

　홍콩달러의 투매 공세 ···123

　고금리로 홍콩달러를 지킨다 ·································124

4. 홍콩의 주권반환 — 홍콩을 창구로 한 자유경제의 중국 유입 • 126

　고정환율제는 유지할 수 없다····································126

　관광 · 쇼핑 인구 격감···127

유통비용의 상승 ……………………………………… 127

혼다의 중국 진출 배경 ………………………………… 129

홍콩과 광동의 경계선 …………………………………… 130

경제적 번영의 기반 상실 ……………………………… 131

중국에 발생한 거대 거품 ……………………………… 132

거품에 춤추는 여배우들 ………………………………… 133

제 6 장   아시아 붕괴의 시초

1. 위기의 전조 ― 국제수지의 적자 전락 · 137

대미 고정환율제의 위기 ………………………………… 137

대미 수출경쟁력 저하 …………………………………… 138

성장에 한계가 있는 한국의 반도체 …………………… 139

30대 한국 재벌기업 중 7개 그룹이 파탄 …………… 141

2. 통화위기의 폭발 ― 미국과의 인플레이션율 격차 · 142

태국을 시발로 동아시아 전역에 파급 ………………… 142

결단이 늦은 태국 정부 ………………………………… 143

재산도피하는 사람들 …………………………………… 144

3. 투기화 ― 자산방위로서의 자국통화 · 146

경제위기로부터 환율의 평가절하 ……………………… 146

투기가 극성을 부리는 공통의 취약성 ………………… 146

4. 외화유출 — 안전성 확보가 자본의 기초조건 • 147

　자금 운용자의 투기 ······················147

　국제금융에 무지한 마하티르 ···············148

　철저한 투기가 지배한다 ···················149

5. 홍콩달러를 둘러싼 공방 — 중국의 경제정책 붕괴로 이어지다 • 150

　중국의 희생으로 홍콩이 번영 ···············150

　중국 국유기업의 주식회사화는 불가능 ·········151

　예정된 홍콩 경제위기 ·····················153

　뉴욕 정보센터가 위기관리 ·················154

　세계시장에 편입되면 중국 공산당체제는 붕괴 ·····155

　거품에 젖어있는 지도자들 ·················156

제 7 장　일본의 역할

1. 일본 경제의 강한 면모 — 세계 최대 연구개발 투자가 지탱하는 최강의 제조업 • 159

　환경보전에 도움되는 기술혁신 ···············159

　환경보전과 경제성장 ·····················160

　민간주도의 연구개발 투자 ·················161

　뒤떨어진 미국의 재래산업 ·················163

　지구환경보전회의가 일본에서 열린 이유 ·········164

　기술수준을 높이면 비가격경쟁력이 강해진다 ······166

　일본은 국제수지 위기와는 무관 ··············168

2. 세계 최대 채권국—4,000억 달러의 해외 금융자산 • 169
　여유자금을 해외에서 운용 ················169
　경제력에 걸맞은 세계 역할 ················170

3. 위기 때 드러나는 실력의 차이—실상이 드러난다 • 172
　IMF의 긴급지원 ················172
　높게 평가된 한국의 경제력 ················173
　북한 지원과 월드컵에도 지장 ················174
　한 · 일 양국의 격차가 벌어진다 ················176
　동아시아의 회복 시점 ················178
　크게 다른 일본과 유럽의 위기대책 ················178

제 8 장　21세기 세계와 아시아의 미래

1. 자유경제로의 편입—강자는 성장, 약자는 쇠퇴 • 181
　자유경제의 원리원칙이 정치도 바꾼다 ················181
　자연도태 끝에 위기로부터 탈출이 있다 ················182
　정치가 경제정책 실패의 책임을 지지 않는 현실 ·······184

2. 위기의 장기화—자력갱생에는 시간이 걸린다 • 186
　위기에 대한 구조적 개혁이 필요하다 ················186
　한국의 금융제도개혁 ················187
　글로벌한 표준을 도입하는 한국 ················189
　태국의 금융회사 ················191

위기극복에 필요한 시간과 서민의 희생 ·················192
자동차를 보유할 수 없다 ·················193

3. 중국의 위기—경제위기가 정치위기로 바뀐다 • 195

경제위기가 파급된다 ·················195
사회복지의 재원을 어디에서 구할까 ·················196
중앙정부의 지도력 저하 ·················198
경제위기의 파급 ·················199
중국공산당의 위기 ·················200
불법행위에 몰두하는 지방 ·················202
내전의 위기 ·················204
일본 진출기업은 어떻게 대비해야 할까 ·················205
대미 달러 연동제 붕괴가 위기폭발의 계기 ·················206

후 기 / 209

아시아는 어떻게 붕괴되는가

1 세계 최고 경제성장률은 거품이었나
— 폴 크루그먼의 주장

한순간에 사라진 「번영」

1997년의 세계경제에서 최대 사건은, 동남아시아국가연합(ASEAN)을 중심으로 하는 동아시아 경제위기의 부상과 함께 점차 고조되는 위기의 확산이었다. 그 결과 지금까지 전세계 경제인이 「세계에서 가장 높은 성장률」 지역으로 믿어 의심치 않았던 동아시아의 번영은 순식간에 소멸하고 말았다. 동아시아는 지금 세계경제의 발목을 잡아당기는 존재로 처참하게 전락한 것이다. 도대체 이러한 격변이 발생한 원인은 무엇일까? 1994년 미국의 경제학자 폴 크루그먼(Paul Krugman)은 동아시아 경제번영을 「죽마(竹馬)경제」라고 혹평하면서, 그 대나무 말을 지탱하고 있는 최대의 기둥은 국제금융시장에서 이 지역으로 흘러들어가는 거액의 「단기자금」이라고 주장한 바 있다. 그 당시로서는 대단히 대담한 「소수의견」을 제창한 것이었다. 크루그먼에 따르면, 이 지역의 경제성장은 이러한 거액의 외자흡입 위에 우뚝 솟은, 일종의 사상누각에 지나지 않는다는 것이다. 그리고 그 지역 경제의 실체를 지탱하기에 족할 만큼의 생산성 향상과 고도의 경제활동이 전혀 따라주지 않았다고 주장했다.

크루그먼의 주장은 옳았다

물론 동아시아 정치 지도자들이 가만히 있지 않았다. 크루그먼의 지독한 「가설」에 강력히 반발하고 나섰다. 동아시아 경제적 번영을 자국 경제정책의 성공으로 착각하고 있었던 말레이시아 마하티르 총리를 비롯한 아시아 지도자들은 일제히 크루그먼의 주장이 터무니없다고 말했다. 그러나 오히려 크루그먼 주장의 신빙성을 뒷받침하는 증거로 간주된 것은 1997년 경제위기의 또 다른 성과라고 해도 좋을지 모른다. 동아시아에서 자랑하는 세계에서 제일 높은 성장률은, 어떤 의미에서는 이들 지역에서 말하는 실질성장률의 높이를 액면 그대로 받아들인 결과다. 솔직히 말해 동아시아의 경제성장은 실제로 일본·미국을 중심으로 하는 선진국 경제의 부산물이라고 말하는 것이 더욱 적합한 표현이다.

일본과 미국에 의해 지탱되는 허약한 기반

예를 들면 동아시아의 제조업은 경이적인 성장률을 확실히 실현했다고는 하지만, 그 제조업을 지탱하고 있는 것은 일본의 제조업이 제공하는 기계류, 즉 자본재다. 중요 부품은 거의 일본 제조업이 대량으로, 안정적으로 공급하고 있었다. 동아시아의 제조업은 제조업이긴 하지만, 일종의 조립산업 영역으로부터 한걸음도 나아가지 않았던 것이다. 따라서 동아시아의 제조업은 일본 제조업에 의해, 일종의 「포대기 속의 아기」처럼 보살핌을 받으면서 그 활동을 유지하고 있었다고 혹평하더라도 지나치지 않을 것이다. 이것 또한 아시아 위기를 정확히 판단할 근거자료에 포함시킬 필요가 있다.

세계 최대 소비시장인 미국은 동아시아 제조업으로부터 대량의 공업제품, 특히 소비재를 수입해 그것을 미국 소비시장에 제공해왔다. 어떤 의미로는 이것이 미국 경제의 기조 중 하나라고 할 수 있는 「인플레이션 없는 성장」을 지탱하는 기둥이었다. 미국에서는 동아시아 제조업이 제공하는 값싼 소비재가 나름대로 역할을 하고 있었다. 즉 미국 저소득층에서는 동아시아로부터 대량으로 공급되는 저렴한 소비재를 생활에 이용함으로써 자신의 저임금에 적당한 생활을 유지할 수 있었던 것이다. 반대로 말하면 값싼 동아시아 소비재의 대량유입이 없었다면 미국은 장기간 호황의 결과 노동임금이 상승할 것이며, 소비재를 중심으로 일제히 「공급부족＝물가상승」이라는 현상이 본격적으로 전개될 가능성이 있었을지도 모른다. 세계 최대 인구와 최대 잉여노동력을 안고 있는 중국이 미국 소비재시장의 최대 공급원으로서 제기능을 다했기 때문에, 동아시아에서는 하나의 딜레마라고 할 수 있는 지금과 같은 까다로운 상황을 만들었다고 말해도 좋을는지 모른다.

경제성장은 일본 엔화상승의 부산물

더욱 중요하게 생각해야 할 점은, 동아시아의 정치지도자들이 표면적으로는 화려한 동아시아의 높은 경제성장률을 곧 「자국 경제정책의 성공」으로 인식한 나머지 자국의 재정을 포함한 경제운영에 관해 대단히 방만한

체제를 고수하면서 집행을 계속한 것도 상황을 어렵게
한 요인이었다는 사실이다.

동아시아의 경제성장은 1995년 4월 1달러에 80엔을
돌파하는 등 극단적인 엔화상승으로 일본이 입었던, 어
떤 의미로는 소름 끼칠 정도의 외압의 부산물에도 그 요
인이 있었다.

이 극심한 엔화상승에 경영체질의 합리화만으로는 대
응할 수 없다고 판단한 일본의 제조업 경영자들은 일제
히 생산거점을 해외로 이전하기 시작한다. 말하자면「엔
화상승으로 인한 경제 공동화 현상」의 전기가 마련된 것
이다. 그 최초의 타깃이 곧 동아시아 각국이었으며, 특
히 아세안의 여러 나라였다.

이들 지역으로 향한 일본 제조업의「생산거점 이전」
파고는 아주 강하고 높았다. 특히 노동집약형 생산공정
의 일부 또는 최종 조립공정의 생산거점을 동아시아 국
가로 이전함으로써, 엔화상승으로 인한 비용 상승분과
국내 생산비용 상승분을 벌충하고자 하는 일본의 노력이
이들 아시아 지역의 공업화를 촉진하는 하나의 요인이
되었다.

그러나 이것은 동아시아 국가의 경제정책 성공의 산물
이기는커녕, 오히려 엔화상승으로 인한 일본 생산거점의

단순한 이전에 불과하다는 사실을 동아시아 국가들은 간파하지 못했다.

경제위기를 가져온 착오와 방만한 재정

그 결과 동아시아 국가들, 특히 아세안에 속한 국가들의 재정은 방만하기 그지없었다. 그리하여 그 어떤 나라의 정권담당자도 전통적인 무역수지 적자를 단숨에 극복할 수 있는, 엄격한 경제운영의 자세를 보이려고 하지 않았다.

심지어 엔화상승을 일시적인 현상으로 판단하지 않고, 이미 정착됐을뿐더러 더욱더 높은 엔화상승이 필연적으로 올 것으로 판단했다. 일종의 「신풍(神風)」을 순풍으로 삼아 자국의 경제를 더 한층 성장시킬 수 있는 절호의 기회로 삼자는 낙관적인 판단에 근거한 경제정책 운영이야말로, 오늘의 경제위기를 가져오게 한 최대 요인이라고 말해도 지나친 표현은 아니다.

이런 의미로 보면, 동아시아 국가들이 직면하고 있는 경제위기 가운데 절반 이상은 그들이 처한 국제환경의 산물이라고 할 수 있다. 달리 말하면 동아시아 국가의 정치지도자들은 직전의 호황으로 인한 엔화상승의 직접적인 부산물과 더불어 미국의 인플레이션 없는 성장을 지속시키는 조건을 전례 없이 높은 경제성장률을 지속할 수 있는 전제조건으로 판단하고, 그것을 기본으로 경제정책을 운영한 결과 지금의 경제위기가 일시에 폭발했다고 우선 지적할 필요가 있다.

2 극복할 수 없었던 아시아의 후진성
낙후된 정치제도와 경제체제

일본 기업의 다국적화

1980년대부터 1990년대에 걸쳐 진행된 엔화상승 속에서, 일본 기업은 제조업을 중심으로 일제히 다국적화 방향으로 경영전략을 전환하지 않으면 안 되었다. 물론 이러한 경영환경 변화는 일본 민간기업이 스스로 선택한 것이 아니라, 1985년「플라자 합의」이후 세계 경제조류의 산물이었다. 이것은 일본 민간기업 경영자에게는 아무래도 주변 상황을 무시할 수 없는, 엄격한 객관적 정세의 변모를 의미했다. 그 대응 방안 가운데 하나가 동아시아로의 생산거점 이전이었으며, 그것이 또한 이들 지역의 공업화를 촉진시켜 한층 더 경제성장을 가속시키는 강한 힘으로 작용한 것도 사실이다.

한편 이 시기에 세계경제의 흐름은, 나중에 다시 검토하겠지만 전환점을 맞이하고 있었다. 즉 세계 전체에 걸쳐 냉전이 마감되고 있었으며, 적어도 1991년 12월 유럽 쪽에서는 그것이 완전히 종식되었다.

아시아에서는 아직 냉전이 끝나지 않았다

그럼에도 불구하고 아시아에서는 여전히 냉전이 계속되고 있었다. 사실 그 주체가 될 수밖에 없는 자유진영의 가장 중심적인 국가인 미국에서는, 조지 부시(George Bush)와 빌 클린턴(Bill Clinton) 2대에 걸쳐 똑같이 냉전종식에 따른 「평화의 배당」을 가능한 한 빨리 자국민에게 배분하지 않으면 정권을 유지할 수 없는 상황에 직면했다. 그러므로 아시아에서의 냉엄한 현실보다도 먼저 자국민에게 냉전종식이라는 큰 성과를 부각시키는 데 전력을 기울였다. 덧붙여 정책과 국제정세의 현실 사이에도 차이가 생겼다.

따라서 당연히 세계 경제의 흐름은 철저하게 인플레이션으로부터 디플레이션으로 전환되었다. 전쟁의 위협이 멀어지면 반드시 그 때까지의 가격 상승이 거꾸로 장기간 가격 하락으로 이어진다. 이것은 19세기 말에도 나타난 현상이었고, 동시에 21세기 세계경제의 기조가 될 것임은 의심의 여지가 없다. 그러므로 세계 여러 나라의 정치권은 자국이 처한 시장환경의 변화에 맞게 정치체제와 정책운영의 축을 전환해나갈 방안, 즉 객관적인 정세의 변화에 정책운영의 흐름을 일치시켜야 하는 대단히 큰 과제에 직면하게 되었다.

뒤떨어져 있는 정치체제

이것을 가장 솔선해서 적극적으로 추진한 것은 선진국의 정치체제였으며, 그 중심적인 역할을 다한 것은 미국의 정치권이었다. 유감스럽게도 아시아는 사정이 달랐다. 아시아에는 이러한 「국제환경」의 격변에 자국의 정치체제를 잘 적응시켜 솔선해서 전면적으로 제도를 개혁하고 시장을 개방함으로써, 세계 경제정세의 변화에 원활한 조정능력을 발휘할 수 있는 지도자가 존재하지 않았다고 보는 편이 나으리라.

원래 아시아 각국의 정치제도는 유럽·미국 등 선진공업국에 비해 대단히 뒤떨어진 것이 사실이다. 특히 동아시아, 예를 들어 아세안 국가들을 보면, 현재 완전한 의회민주주의를 정착시켜 선거를 통해 정권을 교체하는 정치의 민주주의 원칙이 그대로 살아 있는 나라는 소수에 불과하다.

군부 또는 일부 정치세력은 완전한 독재체제를 견지하면서, 이른바 개발독재라는 미명으로 총력을 다해 경제성장을 달성해야 한다는 명분에 집착하는 정치지도자가 압도적인 다수를 차지한다. 아세안 국가들은 대부분 의회민주주의 원칙이나 자유로운 선거를 통해 정권교체 원칙을 전력을 기울여 확립하려는 노력은 시작단계에 불과하다. 이러한 결실을 맺은 국가는 겨우 필리핀·태국뿐이라고 평가하더라도 아마 아무도 반론을 제기하지 않을 것이다. 동북아시아에서도 이러한 의미의 정치적 민주주의 체제가 확립되어 있는 국가는 대만뿐이고, 한국은 이제 겨우 그 시작단계라고 평가할 수 있다. 한국에서는 1997년 12월 대통령 선거를 통해 여야 정권교체라는 기틀이 전후 처음으로 확립됐을 뿐이다.

정책에 실패해도 책임질 사람이 없다

동아시아의 정치제도와 그것을 추진하고 운영하는 정치세력의 힘은 유럽이나 미국 선진공업국에 비해 현저히 미약하다. 뿐만 아니라 정책이 실패할 경우 정치의 민주주의, 즉 평화적인 수단을 통한 정권교체가 반드시 이루어지고 보증되는 시스템을 아직 정착시키지 못하고 있다.

따라서 정권을 쥐고 있는 세력과 경제활동의 주역인 재벌 또는 기업집단 사이의 이른바 유착관계가 빈번히 발생하고 있다. 그것은 또한 정권을 쥐고 있는 정치세력이 군부든 정당이든 국왕이든 간에, 경제활동의 호황으로부터 생겨나게 되는 최대의 성과를 그들 자신의「사재축적」에 그대로 전용하게 되는 결과를 낳게 되었다. 그것이 경제활동의 합리화를 저해하는 최대 요인이 되어 동아시아 경제위기를 한층 더 심각하게 만드는 데 큰 영향력을 발휘했다.

근대화 · 합리화를 저지하는 사회제도

사회제도에서도 똑같은 상황이 빚어지고 있다. 아직까지도 전통적인 농촌생활의 잔재를 지니고 있는 다수의 국민은 정치 민주주의의 실현을 강하게 요구하는 세력을 지탱하거나 그 주장을 지탱하는 역할을 다하지 못하고 있다.

노동시장 하나만 보더라도 그렇다. 고용형태는 거의 기업의「전제(專制)」체제와 다름없다. 고용과 해고에 관한 전권을 경영자가 독자적으로, 더구나 독선적으로 내린다. 노동조합의 주장 등은 전혀 고려의 대상이 아니다.

그러나 종종 그 반대로 노동조합의 세력이 대단히 강한 경우도 있다. 가령 경영상태가 악화되어 경영체제를 합리화하기 위해 종업원을 대량 해고하고자 하면, 그야말로 폭동에 가까울 정도로 극심한 반발을 보이는 것이다. 이와 같이 기업경영의 선진화·합리화와는 거리가 먼 상태가 동아시아 전체를 지배하고 있다.

따라서 일단 경제위기가 시작되었을 때 이것을 참고 견뎌내기 위해, 더구나 단기간에 그 위기를 종식시키기 위한 일련의 리스트럭처링(restructuring) 정책을 도입하려고 해도, 그것은 실현 불가능하다. 이렇듯 사태의 악화를 방임하다가 결국 경제위기가 심각한 지경까지 가서야 위기의 본질을 깨닫는 불행한 양상이 곳곳에서 나타나고 있다.

일본의 상식이 곧 동아시아의 상식은 아니다. 이것이 동아시아에 대한 우리의 관점을 왜곡시키고, 더구나 정세판단을 그르치는 요인으로 크게 부각된다는 점도 인식하고 있어야 한다.

중국의 개혁·개방정책을 이용한 일본

1980년대 들어 동아시아는 중국의 본격적인「개혁·개방정책」의 도입과 정착, 그리고 급속한 고도성장 가도를 달리는 중국 경제의 강한 영향을 직접적으로 입었다. 이 중에서 중국의 개혁·개방정책을 오히려 자국 경제에 긍정적 요인으로 잘 활용한 나라는 일본밖에 없다.

일본은 중국에 대해 일종의「환상」을 품고 있다. 중국의 방대한 노동력, 특히 저임금 노동력을 활용하기 위해, 또 개혁·개방정책에 힘입어 중국 국내 시장이 국제 경제의 일환으로 급속히 편입될 것으로 확신한 나머지 규모나 업종 여하를 불문하고 1만 5,000개가 넘는 일본 기업이 중국으로 쇄도했던 것이다.

실패로 끝난 일본 기업의 중국 진출

결과부터 말하면 일본 기업의 중국 진출은 실패로 끝났다. 중국 투자를 위해 일본 기업이 현지에 설립한 합자기업의 대부분은 채산성을 맞출 수 없는 적자조업에 불과했다.

게다가 그러한 실상을 전해야 하는 일본의 보도기관은 중·일기자교환협정의 제약을 받아 그런 사실을 전혀 보도하지 못했다. 그 결과 일본 국민의 압도적 다수는 중국 경제의 실태에 관해, 그리고 중국에 진출한 일본 기업의 실적에 관해 정확한 정보도 얻지 못했을뿐더러 판단조차 할 수 없었다. 물론 중국에 진출한 일본 기업의 전부가 이러한 실패의 쓰라림을 맛본 것은 아니다.

중국의 저임금을 이용하기 위해 노동집약형 상품생산을 중국에 이전시킨 기업은 문자 그대로 진퇴양난에 몰렸지만, 중국을 값싼 상품의 공급원으로 생각했던 유통업은 나름대로 「성공」을 거뒀다. 예를 들면 일본 농촌에 비해 훨씬 낮은 비용으로 생산한 농산물을 간단히 가공만 한 채, 즉 흙이 묻은 당근을 깨끗이 씻어 비닐 자루에 일정하게 넣어 출하된 것은 일본 슈퍼마켓에서 가장 주목받는 상품이 되었다. 또 중국에서 만들어진 노동집약형 상품, 예를 들면 섬유제품이나 간단히 가공한 의류 등도 일본 슈퍼마켓에서 대단한 인기를 끌고 있으며, 주력상품으로 큰 역할을 하고 있다.

소비재 공급기지로서의 중국

중국에 진출한 일본 기업이 중국을 기지로 활용해 대

량의 식품, 특히 생선·식료품 또는 의류·잡화를 중심
으로 하는 「소비재」를 만들어 다시 일본으로 공급하는
것은 나름대로 큰 성과를 보았다.

일본의 슈퍼마켓에 가지런히 놓여 있는 생선·식료
품, 특히 청과물에서 중국산이 급속히 불어나고 있는 원
인은 무엇인가? 또 같은 슈퍼마켓에 진열되어 있는 의
류품 가운데 「Made in China」브랜드가 왜 그렇게 많아
졌을까? 그것은 일본 기업이 중국을 일종의 소비재 공
급기지로 이용함으로써, 그 장점을 충분히 누리고 있기
때문이다.

일본은 미국과 똑같이 중국 상품의 수출시장으로서 큰
역할을 하는 동시에, 이 업무를 추진하고 있는 일본 기
업으로서는 경영상 일찍이 볼 수 없었던 큰 이익을 확보
할 수 있었던 것이다.

중국 소비재의 막강한 국제경쟁력

한편 동아시아 국가들로서는, 중국이 잇달아 국제 소
비재 시장에 진출해 세계 최대의 소비시장인 미국과 그
에 버금가는 대규모 시장인 일본에 중국제 소비재를 대
량 유입시킨다는 것은 자국 제조업의 주력인 소비재 부
문이 극심한 국제경쟁에 직면하는 것을 의미했다.

일찍이 동아시아 국가들의 가장 중심적인 수출상품인 섬유제품을 예로 들어보자. 태국은 중국에 비해 네 배나 비싼 노동임금을 지불해야 한다. 이러한 조건에서는 중국제와 대등히 경쟁할 수 있는 능력을 완전히 잃을 수밖에 없다. 특히 1996년 이후 태국의 섬유공업은 수출시장에서 중국제와의 경쟁에 패배해 시장을 완전히 잃었을 뿐만 아니라, 경영 자체를 할 수 없는 기업까지 속출했다.

이러한 상황에서 중국의 추격을 받은 동아시아 국가들은 단순한 노동집약형 소비재 부문에서 철수해 고도의 자본집약형, 또는 높은 기술수준을 요하는 별도의 생산재 부문이나 자본재 부문으로의 전출을 꾀해야만 했다. 그런데 일본에서 들어온 생산부문은 완전한 생산 시스템을 갖춘 것이 아니라, 대부분 일련의 생산공정 중에서 가장 노동집약적인 공정만을 이전한 것이 많다. 그 결과 독립적이고 일관성 있는 제조업을 건설해야만 하는 과제를 안게 되었다.

경제위기는 구조적인 것이다

한편 중국과의 경쟁에서 질 정도로 동아시아 제조업의 국제경쟁력이 열악하다는 사실은 동아시아 전역에 걸쳐 무역수지의 대폭적인 적자, 즉 「계속적인 국제수지 위기」를 가져온다는 뜻이다. 더욱이 이들 국가의 국제수지 위기는 경제위기로 이어져 이들 각국의 경제 전체를 위협한다.

이렇듯 동아시아 경제위기는 거의 구조적인 것이다. 일시적·단기적인 경기순환으로 인해 일어난 현상이 아니라 해결이 쉽지 않은, 더구나 극복하기 곤란한 매우 중대한 구조적 위기인 것이다. 이것을 일시에 폭발시켜 표면화시킨 것이 바로 중국이다. 바꾸어 말하면 중국에게 쫓기고 있는 동아시아 국가들은 중국의 추격을 뿌리치기 위해 기술수준의 격차를 크게 벌려야만 했다. 그럼에도 불구하고 정치지도자는 물론 경제계를 움직이고 있는 대기업의 경영자들 중 누구도 그러한 과제의 중요성을 인식해, 그것에 필요한 연구·개발 투자나 근본적인 경제제도 및 시스템을 적극적으로 개혁하려는 자세를 보이지 않았다. 그것이야말로 경제위기가 단숨에 전면적인 경제활동의 붕괴로 이어지는 발화점이었다.

동남아시아 국가들의 자동차공업 조업단축

태국의 자동차공업은 경제위기의 폭발과 동시에 대폭적인 조업단축의 압력을 받게 되었다. 그런데도 새 차는 경제위기에 직면하기 직전, 즉 1997년 7월까지는 매우 순조롭게 새 차가 판매되었다. 그러나 8월부터 갑자기 그 추세가 급격히 둔화되었다. 이는, 경제위기가 확실히 예측 불가능한 공격이었음을 보여주고 있다.

경제위기가 「통화위기」에서 발전하고, 그것이 즉시 「금융위기」를 유발하는 일종의 악순환은 태국에서도 급속히 보급되기 시작했던 「자동차화(motorization)」를 일거에 붕괴시켰다. 태국에 진출한 일본의 자동차 메이커 6사들도 일제히 대규모 조업단축을 단행했다(자세한 내용은 다음 표에 나타나 있다).

한국의 대우자동차는 필리핀의 세부(Cebu)에 계획했던 자동차 조립공장 건설을 전면 중지하기로 결정했다.

세계 제일의 자전거 생산국 중국에서도 자전거의 과잉생산이 눈에 띄고 있다. 중국의 자전거 생산은 세계 전체의 40%, 수출은 45%를 차지하고 있다. 업체 수는 900개 사이고 생산능력은 연간 4,000만 대에 달한다(1996년의 생산실적은 2,812만 대로 전년 대비 약 24% 감소했다). 주요 700개 회사 중 7개 회사가 적자로 전락했고 30개 회사가 조업중지 상태다. 판매시장에서의 경쟁이 극히 치열해 생산비 이하의 조업이 계속되고 있는 것이 실적 저하의 이유다.

일본의 자동차산업 조업단축   (단위 : 대)

회사명	연초 생산계획	수정 후 예정생산량	대책 내용
도요타	280,000	125,000	주휴가 4일제 도입
이스즈	140,000	95,000	주휴가 3일제 도입
닛산	95,000	50,000	픽업 생산중단
미쓰비시	100,000	30,000	월 3주 조업, 1주일 조업중단
혼다	55,000	50,000	내수 판매로 중점 옮김
볼보	6,500	5,600	45일 간 조업중단
BMW	4,000	3,000	설비의 절반 가동중단
히노	13,000	5,500	격주 조업중단

＊ 자료 : 〈뉴스 네트워크 아시아(News Network Asia)〉, 76호, 1997년.

제2장

세계경제의 기조

1. 21세기 경제의 참모습

가격하락과 세계 단일시장

냉전의 종결

20세기와 21세기의 차이는 단지 연대만 틀리는 것이 아니라, 세계 정세에 결정적인 변화가 동반되는 시대구분이라고 해도 과언이 아니다.

20세기는 거의 전쟁의 시대로 일관했다. 따라서 그 역사는 제1, 2차 세계대전, 그 후의 냉전에 머물지 않고 문자 그대로 전쟁의 연속으로 특징지어져 있다. 특히 19세기에 본격적으로 전개된 「산업혁명」이 큰 영향을 미쳤던 시기였다.

산업혁명을 통해 세계는 단일 시장으로 변모했고 그

속에서 많은 나라들이 급속히 경제성장을 실현하는 한
편, 기술혁신으로 폭발적인 생산력의 확대를 가져왔다.
특히 첨단 군사기술의 발전으로 20세기 전쟁은 가공할
만한 파괴력을 동반했다.

그 결과 전쟁 규모의 확대뿐만 아니라, 엄청난 인명과
천문학적인 부의 파괴를 가져왔다. 20세기의 전쟁은 드
디어 인류로 하여금 전쟁을 단념하지 않으면 안 된다는
인식을 심어주었다. 그것은 핵무기의 등장과 냉전을 통
해 급속히 발달한 대륙간 탄도미사일(ICBM)과 같은 장
거리 무기개발, 그리고 대단히 높은 정밀도를 자랑하는
로켓의 가공할 만한 살상력 때문이다.

특히나 핵무기를 탄두에 장착한 핵미사일은 인류를 몇
번이나 전멸시키기에 충분할 만큼의 파괴력을 갖춘 「인
류멸망의 병기」로서 그 모습을 나타냈던 것이다. 그러나
이것이 냉전의 승패를 가르는 데 크게 기여한 것은 아니
었다. 오히려 엄청난 파괴력을 갖춘 핵미사일의 등장과
실용화는 냉전이 뜨거운 전쟁으로 전화하는 것을 결정적
으로 저지하는 요인으로 작용했다. 또한 냉전의 주요 무
대를 군사적인 측면으로부터 경제경쟁 분야로 전화시키
는 데 결정적인 역할을 했다. 그리하여 1991년 12월 마
침내 동구진영의 핵이라고 말할 수 있는 구소련의 해

체·붕괴 형태로 냉전이 종식되는 단계를 맞이했다.

인플레이션으로부터 디플레이션으로

이렇게 해서 결국 냉전은 서구의 승리, 동구의 완전한 패배로 끝나고 20세기도 막을 내렸다. 21세기는 우선 새로운 단계로 접어든 세계에 평화를 정착시키는 시대로서 특징지어진다. 전쟁이 계속되는 시대의 경제활동은 주로 인플레이션을 전제로 전개해나간다. 즉「국가총력전」에 따라 거대한 파괴가 장기간 진행되면, 당연히 대량의 인명과 물자가 손실되고 동시에 가격상승이 전 분야에 걸쳐 이루어진다.

이제 세계는 평화가 정착되는 21세기로 접어들고 있다. 세계 그 어떤 나라도 정치의 운영방향을 평화를 전제로 삼지 않으면 안 되게 되었다. 또한 세계 각국은 솔선하여「단일 시장」에 스스로를 편입해 적극적으로 참가하지 않는다면 경제 성장도, 발전도 기약할 수 없는 시대가 되었다. 따라서 자국이 생산하는 상품을「단일 시장」에 판매하기 위해 전력을 다해 노력하지 않으면 안 된다. 또한 소비보다도 빠른 속도로 공급이 불어나는「공급과잉」, 그리고 그에 따라 발생하는「가격파괴」가 21세기 세계 경제 활동의 기조가 될 것임은 의심의 여지가 없다.

세계 단일시장으로의 편입

이제 세계는 자유주의 진영에 속한 나라든 공산당 일당 독재체제 밑에 있었던 나라든 간에, 과거에 전혀 구애받지 않고 세계시장에 한시라도 일찍 참여해 자국의 경제를 그 속에 편입시키려는 노력을 강하게 요청받고 있다.

따라서 세계 어떤 나라도 경제정책과 경제체제의 기본을 철저한 「자유화」에 두지 않을 수 없게 되었다. 구체적으로 말하면 우선 국유기업 해체, 국내 시장의 전면개방, 경제활동에 대한 철저한 규제 폐지 및 완화, 이 세 가지 축으로부터 이루어지는 「자유화 정책」을 시급히 자국 경제체제의 기본으로 삼지 않으면 안되게 되었다. 이것이 21세기 세계경제 체제 안에서 나름대로의 지위를 획득할 수 있는 유일한 조건인 것이다.

지금 동아시아에서는 냉전이 종착역으로 가고 있다고는 해도 아직 완전히 종식된 상태는 아니다. 20세기의 역사가 남긴 교훈 가운데 하나는, 국가총력전으로 전쟁의 승패가 결정되면 반드시 패전국의 정치체제가 붕괴된다는 점이다. 제1, 2차 세계대전과 냉전이 그것을 확인해주고 있다.

따라서 냉전의 종식 여부는 동구진영 정치체제의 기본인 공산당 일당독재체제의 해체·붕괴·소멸 여부로 판

별해보면 알 수 있다. 이 원칙에 따라 정세를 살펴보면, 유럽에서의 냉전은 완전히 종식됐다. 그러나 아시아에서는 중화인민공화국, 북한, 베트남사회주의공화국 등 3국에서 공산당 일당독재체제가 존재하고 있다. 따라서 아직 냉전은 완전히 종결되지 않았다고 볼 수 있다.

한국 경제의 붕괴는 없다

이것은 동아시아에서 대단히 까다로운 과제를 내포하고 있다. 한반도를 예로 들어보자. 한반도는 휴전선을 사이에 두고 남북이 대립하고 있다. 따라서 혹시 한국 경제가 붕괴 위기에 직면할 경우, 서구진영은 북한과 한국과의 대립을 고려하는 한 절대로 한국 경제의 붕괴를 방관하지 않는다. 나중에 다시 언급하겠지만, 최근 한국의 경제위기를 구제하기 위해 IMF가 주도해 576억 달러라는 전후 최대 규모의 「긴급지원」을 한 것도 이러한 역학관계 때문이다.

이러한 관점을 대만과 중국 본토와의 관계에도 접목해 볼 수 있다. 예를 들면, 홍콩의 최대 고민인 홍콩 달러의 대미 달러화 연동시스템(dollar peg system) 포기 여부가 문제되었을 때, 중국 본토를 지배하고 있는 공산당측은 대만 국민당 정권의 동향을 의식하지 않을 수 없었다.

대만의 국민당 정권은 중국공산당과는 달리 국제금융 시장의 동향을 정확히 반영하여 경제정책 운영에 노력하고 있다. 구체적으로 말해 대만달러(NTD)의 대외 환율을 완전한 변동환율제로 전환해 통화위기가 폭발하기 이전의 1달러에 28대만달러 전후의 환율을, 1998년 초에는 34대만달러로 하락하는 것을 용인하고 있다. 한편 대만 국내 금리는 극히 낮은 수준을 유지하기 위해 금융완화 정책을 변경하지 않고 있다. 이 유연한 경제정책 운영 자세는 중국 본토에서 취하고 있는, 극도로 경직된 경제 정책과는 문자 그대로 대조적이다.

홍콩 달러의 연동 시스템을 붕괴시키거나 포기한다는 것은, 중국 처지로서는 대만과의 관계에서 대단히 중대한 「패배」를 자인하는 것과 같다. 그러므로 중국은 틀림없이 이 과제에 대해 경제적 합리성을 뛰어넘는 자세로 매우 강경하게 대응할 것이다.

전체적으로 보건대 21세기 경제는 세계시장에 잇달아 참여하는 많은 국가들이 자국의 생산물과 자국의 노동력을 세계시장에 제공하면서 일관된 「공급과잉체제」가 한층 더 진행될 것이고, 그 결과 가격하락은 놀랄 정도로 진전되어갈 것이다.

세계시장이 정치지도자의 손발을 묶는다

세계경제는 전체적인 측면에서 보면 투기화가 현저히 진행될 것이다. 뿐만 아니라 기업활동은 자기 국내 시장에 한정되지 않고 「무국경화(borderless)」를 특징으로 할 것이다. 그러므로 세계전체를 상대로 자사의 제품을 판매하고, 원자재를 조달하고, 자사가 보유하는 금융자산을 가장 유리한 조건으로 운영하고 이익을 확보하는 등 새로운 경영과제를 해결하려면 20세기의 상식과는 완전히 틀린, 새로운 발상으로 경영전략을 세워야만 한다. 이것이 당면한 동아시아 경제위기의 본질이다. 말하자면 이들 지역을 일거에 세계시장 속으로 편입시키기 위해 한편으로는 대단히 강력한 「외압」이 이들 각국의 정치지도자를 향해 다가서고 있는 것이다.

2 인플레이션 시대의 마감
「냉전」의 종결로 「평화의 배당」을 얻는다

자유와 시장

20세기의 경제는 전쟁과 같다. 더구나 그 전쟁은 국가 총력전이라는 형태를 취하고 있다. 이런 환경 속에서의 경제활동은 자국이 보유한 경제적 자원을 철저히 활용하고, 또한 그것을 잘 보존하는 일에 중점을 두지 않으면 안 된다. 21세기에는 전쟁의 위협이 일시에 사라진다. 또한 자유주의체제와 시장경제체제에 도전해 이것을 부정하고자 하는 세력은, 적어도 21세기 초에는 완전히 종적을 감출 것이다.

새로운 경영 시스템

냉전으로 동구 진영이 완전히 패배했다는 것은 서구 진영 내부에서는 노동조합으로 대표되는, 이른바 좌파세력·좌익세력의 영향력이 완전히 붕괴했다는 의미다. 한편으로는 경영자를 중심으로 하는 우파 세력이 모든 면에서 완전한 승리를 거두었다고도 볼 수 있다.

따라서 경영자들의 경제활동에 매우 도움이 되는 신제도가 정착될 것으로 보인다. 달리 말하면 각 국가의 정치지도자들은 오래 전부터 존재해왔던, 기업 경영자의 활동을 제약하는 시스템을 전면적으로 해체·붕괴·소멸시키는 방향으로 국가정책을 전개할 것이다.

일본을 예로 들어보면, 오랜 세월 유지되어온 일련의 제도, 이른바 「1940년 체제」라고 불리는 임시전시체제를 전면적으로 붕괴·해체·소멸시키는 것을 행정개혁의 중심에 두었었다. 그런 의미로 보면, 세계 각국의 기업 경영자는 냉전의 종식과 동시에 철저한 자유주의 경제체제로의 전환을 추구했으며, 그것이 기업 경영자에게는 거액의 「평화의 배당」이 되었다고 볼 수 있다.

솔직히 말해 어떤 의미로 보면, 인플레이션 시대의 종말은 노사관계에서는 노동자측의 패배, 사용자측의 전면 승리를 뜻한다고 해도 지나치지 않다. 1980년대 미국의 노사관계는 로널드 레이건(Ronald Reagan) 정권의 등장과 동시에 분명히 사용자측이 선취하는 방향으로 전개되었다. 흔히 지적하지만 1980년 레이건 정권이 들어선 후 일어난 「항공관제관 파업」에 대해 정부가 취한 강경자세는, 그 후 미국 노사관계를 일거에 노동자측에 불리하고 사용자측에 유리하게 전개시키는 전기가 되었다.

같은 시기 영국에서도 탄광 동맹파업에 직면한 당시 마가렛 대처(Margaret Thatcher) 정권은 철저히 노동조합과 대결하는 자세를 취해 마침내 쟁의를 지휘하는 전영국광산노동조합에게 완전한 패배를 안겼다. 이 사건을 계기로 영국의 노사관계는 노동조합의 전면적인 쇠퇴로 이어졌다.

인플레이션은 전쟁시대의 산물이다. 평화시대가 되면 인플레이션은 완전히 소멸한다. 다가오는 21세기에는 상당히 장기간에 걸쳐 전면적인 가격하락의 기조가 한층 더 정착될 것이다.

선진국엔 유리, 개발도상국엔 냉엄한 상황

세계경제 전체를 들여다보면 이러한 현상은 선진공업국에게는 유리한 반면, 개발도상국에게는 냉엄한 상황을 만들어줄 것이다. 개발도상국은 팔아야 하는 상품의 수가 선진공업국에 비해 훨씬 적을 뿐만 아니라 생산물의 품질과 성능, 특히 제조업의 기술수준에는 상당히 큰 격차가 있다. 따라서 선진공업국이 고부가가치 제품을 세계시장에 공급하는 능력을 독점하고 있다. 그러므로 개발도상국이 아무리 공업화를 추진한다고 해도 그것은 어디까지나 선진공업국의 제조업에 대한 「보완적인 역할」에 머물 뿐이라는 사실을 알아야 한다. 동아시아의 경제위기는 이것을 너무나도 냉혹한 형태로 표현하고 있다.

3 │ 세계와 아시아의 격차

──── 아직 진행 중인 냉전

중국에 대한 융화노선

1991년 12월 유럽에서는 냉전이 완전히 종식되었다.

그것을 반영하는 지표가 구소련의 해체·붕괴·소멸이
었다는 점은 앞에서 말했다. 그러나 아시아에서 냉전이
아직 종식되지 않은 것은, 어떤 의미로 보면 아시아 쪽
이 유럽에 비해 극심한 대결이 존재하지 않은 결과라고
볼 수 있다. 특히 아시아에서는 동구측 진영의 핵이라고
도 할 수 있는 중국공산당 지도체제가 덩샤오핑(鄧小平)
의 주도 아래 철저하게 개혁·개방 노선으로 전환한 사실
이 아시아의 냉전 구조에 대단히 큰 영향을 주었다.

　중국공산당이 일당독재체제를 간단히 포기하지 않는다
고 해도, 경제정책으로 개혁·개방을 표방하면서 국내
경제활동을 세계경제와 국제시장에 직결되는 방향으로
전환해준다면 서구 국가들로서는 우선 안심이 된다. 이
제는 정치적인 대결이 존재한다고 해도, 두번 다시 핵전
쟁으로 비화할 가능성은 정말로 없다. 동아시아 질서의
안정과 평화를 유지하는 데에는 미국의 군사력이 결정적
인 역할을 하고 있다. 중국의 군사력은, 제7함대로 상징
되는 미국의 군사력에 대항할 만큼 대등한 전력을 보유
하지 않고 있다는 시각이 지배적이다. 그러므로 미국측
이 중국공산당 지배체제를 일거에 붕괴시키기 위해 새삼
스레 중국에 대해 어떤 의미의 「도발」을 되풀이해 혹시
동아시아에서 「뜨거운 전쟁」 사태가 발생한다면, 이것은

중국보다도 미국의 정권담당자에게 대단히 심각한 타격과 상처를 입히는 결과를 야기할 우려가 있다. 그와 같은 판단에 입각해 미국의 정권담당자들은 중국에 대해 「융화노선」을 취하면서, 동아시아에서도 냉전이 종식됐다고 하는 「환상」을 어떻게든 유지하기 위해 노력하고 있는 것이다.

여전히 중요한 미·일 안보체제

물론 이것은 국제정세에 대해 정확한 인식을 갖고 있다면 성립하지 않는 일종의 환상이다. 미국의 정권담당자들도 물론 이러한 환상에 취해 냉전에 대응하는 군사력의 배치와 대비를 소홀히 하고 있지는 않다. 가장 큰 증거가 현재까지 존속하고 있는 「미·일 안보」체제이며, 더구나 그 체제는 더욱 공고해지고 있다.

그것은 중국측의 심한 반발과 비난에도 불구하고 대만해협까지도 시야에 넣는 가이드 라인, 즉 새로운 「동아시아 방위체제」 구축만으로 더욱 공고해지고 있다. 그럼에도 불구하고 현실적으로는 냉전이 계속되고 있는 상황 속에서 유럽과 같이 냉전종식이라는 환상이 동아시아에 폭넓게 조성되고 있으며, 이로 인해 많은 사람들이 혼란스러워하는 것 또한 부정할 수 없다.

이미 거론한 것처럼, 이렇듯 냉전이 한반도에서 또는 중국 본토와 대만과의 관계에서 바로 경제적인 합리성을 철저히 관철하기 위한 신정책의 도입에 강력한 브레이크 기능을 하고 있는 것도 사실이다.

4 미국 역할의 변화
소비시장의 제공과 기축통화의 역할 다하는 미국달러

냉전의 수호신으로부터 세계의 경찰관으로

냉전 시기의 미국은 자유주의 진영의 최대 수호신이었다. 미국이 보유한 세계 최강의 군사력을 바탕으로 유럽에서는 북대서양조약기구(NATO), 아시아에서는 일련의 안보체제가 유지되었다.

냉전이 진행되는 동안 동구 진영과의 대결보다는 체제 유지를 위한 중핵에 미국이 앉아 있었던 것은 의심의 여지가 없다. 그러나 냉전은 유럽에서는 끝났다. 유럽에서는 NATO에 참가하는 국가들이 급속히 증가했다. 즉 12개국이던 것이 1997년 7월에는 체코·폴란드·헝가리 등 3개국이 가입하고, 또 발트3국·우크라이나·벨라루스·루마니아·불가리아와 구소련에 속한 국가들도 속속 참가했다. NATO는 유럽 방위를 위한 군사동맹일 뿐만 아니라 이 지역 전체, 즉 유럽 전체의 질서를 안정시켜 평화를 유지해나가는 국제조직으로 변모하고 있다.

　동아시아에서는 일련의 안보체제, 즉 미·일, 한·미, 미국·필리핀 등의 안보조약에 의해 각각 지역 전체의 질서와 평화를 유지하기 위한 미국의 군사력이 확실히 전개되어 그 기능을 유지해나가는 책임을 짊어지고 있다. 냉전이 거의 종식된 오늘날에도 미국의 역할에는 변함이 없다. 이번에는 세계 최강의 군사력을 바탕으로 세계의 경찰관으로서 평화에 위협을 주려는 세력의 등장을 저지하는, 냉전 때와 똑같은 역할을 유지하고 있다.

우수한 경제 대국으로서의 역할

　한편 미국은 경제적인 면에서는 세계 최대의 소비시장이며, 자유시장체제를 가장 잘 유지하고 있는 경제 대국이다. 따라서 어떤 나라에 대해서도 제품 수입규제를 일절 하지 않고 개발도상국을 포함한 세계 모든 나라에 미국 시장을 철저히 개방하면서, 미국 경제가 「인플레이션 없는 성장」을 지속할 수 있는 기반을 만들어가고 있다. 21세기 세계경제에는 이러한 역할이 결정적인 의미를 가진다.

또 하나의 큰 역할은 현재 미국 달러가 세계 유일의 「기축통화」라는 사실로부터 나온다. 기축통화는 국제결제나 금융거래의 기축이 되는 특정 국가의 통화로서 보통 미국 달러를 가리킨다. 즉 미국은 세계의 무역, 금융, 그리고 자본이동 수단의 가치를 보증해 국제적인 경제활동에서 발생하는 부 축적을 위해 가장 유효한 수단을 확보한다는 의미다. 미국은 기축통화국으로서의 결정적인 역할을 앞으로도 계속 수행할 게 틀림없다.

미국은 세계 전체의 경제활동에서 가장 중요한 가치보전, 무역, 자본거래를 포함한 결제수단과 부의 축적을 위한 수단으로서 「미국 달러」를 유지·관리하는, 세계 유일의 대국이다. 21세기에도 미국의 역할은 조금도 줄어들지 않고 한층 더 강화되는 방향으로 흘러갈 것이다.

유럽 단일통화의 한계

1999년 발족할 예정인 유럽연합(EU)의 단일통화는 EU 가맹국 지역 내의 단일통화로서, 지역 내의 무역과 자본이동과 부의 축적 수단으로서 나름대로의 역할을 수행할 것이다. 그러나 그 역할은 어디까지나 EU 가맹국이라고 하는, 일정 지역에 제한된 것이다. 따라서 지구 전체를 아우르는 세계시장 안에서 결정적인 기축통화로서의 기능을 다하는 데에는 조금 거리가 멀다.

EU에 속하는 국가들 간의 무역결제에서 단일통화는 대단히 유효하다. 더구나 EU 단일통화는 이 지역의 자본이동을 위한 수단으로서도 매우 중요하다. 그렇지만 EU 이외 지역에서의 무역결제 통화에도 그대로 원용될 수 있을까? 또 EU 지역 이외의 투자에 기본적인 수단으로서 이용할 수 있을까? 이 질문에 대해서는 완전히 미지수라고 할 수 있다. 아마 21세기에도 세계적인 규모의 경제활동을 지탱하기 위한 통화로서는 미국 달러가 세계 유일의 기축통화 역할을 계속 수행할 것이 틀림없다.

세계 핵심두뇌로서의 뉴욕

다음으로 중요한 것은, 정보센터로서 뉴욕의 역할이 한층 더 강해지고 있다는 점이다. 뉴욕은 뉴욕연합은행의 소재지로서, 세계 전체 경제활동의 기반이라고도 할 수 있는 거액의 「금」을 보유하고 있다. 또한 여기에서 전개되는 방대한 거래액을 기록하는 금융·증권·상품시장이 모두 존재하는, 세계경제의 「두뇌」로서 기능을 발휘하는 유일한 장소라고 할 수 있다.

뉴욕의 금융·증권·상품시장은 전세계에서 끊임없이 발생하는 정치·경제·사회·자연현상의 변화를 전해주는 정보를 금융·증권·상품의 선물시세 변동이라는「숫자」로 환산해 그 기능을 다하는 유일한 정보센터다.

　뉴욕의 정보센터는 거기에 모이는 전세계 수많은 정보를 소화해 시세 변동에 영향을 주는 핵심 내용만 선별·선택하고 그 밖의 것은 모두 버린다. 또한 선물시세의 변동을 나타내는 숫자 변화를 통해 전세계의 경제활동을 통제하고 방향을 정한다.

투기에 좌우되는 동아시아의 경제위기

　이번 동아시아 경제위기에서는 미국 달러에 대한 각 국가들의 통화 환율, 즉 환시세의 변동이 큰 문제가 되었다. 이것도 바로 미국이 행하는 역할이 대단히 크다는 사실의 반영이다.

　동시에 뉴욕을 중심으로 금융·증권·상품시장에서 움직이고 있는 거액의 자금은「투기」에 따른 수익을 목적으로 활동하는 투기자금이라고 규정할 수 있다. 바꿔 말하면 투기자금이 유입되는 나라 또는 시장은, 금리는 낮아지고 주가는 상승하며 경제활동이 강한 자극을 받아 한층 더 활황을 보인다. 그러나 그 자금이 철수하는 순간부터 그 나라의 금리는 상승하고 환율은 하락한다. 또 주가는 폭락하고 동시에 경제활동은 전면적으로 쇠퇴의 방향을 걸어갈 수밖에 없다. 그런 의미로 보면, 동아시아 경제위기는 국제투기자금의 판단에 크게 좌우되는 위기상황이라고 말할 수 있을 것이다.

국치인가 국제화인가 — IMF의 조건

1997년 12월 대통령선거가 한창일 때, 총 576억 달러라는 거액의 긴급지원을 받게 된 한국은 그 지원을 받는 조건으로 IMF와 일련의 조치를 취하는 것에 합의했다. 이른바 「지원의 조건」이다. 그 조건이란 한국의 경제성장률을 크게 낮춰 1998년에는 전년도의 성장률 6.5%의 절반 수준인 3% 이하로 이행하는 합의였다.

또한 오랜 세월 큰 문제가 되었던 금융제도 개혁도 조건의 대상이었다. 예를 들어, 시중은행의 주식보유를 4%로 제한하고, 외국인 소유 금지제도를 전면적으로 개혁해 보유제한이 폐지되어 외국인의 주식취득도 가능하게 되었다. 또한 소비재에 관해서는 원래 OECD 가입과 동시에 1999년 실시할 예정이었던 「선택적 규제조치」의 폐지가 요청되었다. 또한 외환관리를 대폭 해제해 변동폭도 일일 2.5%에서 10%로 확대했고, 조만간 전면적으로 규제를 폐지하기로 하는 등 한국의 경제제도 전반에 걸쳐 폭넓은 자유화를 도입하기로 했다.

이 일련의 조치와 관련해 한국 국내에서도 논의가 비등하고 있다. 즉 한국 내에서는 IMF가 경제정책 운영의 자주성을 전면적으로 탈취했다는 비난이 높아졌고, 동시에 이러한 「국치」적인 조건을 그냥 받아들인 김영삼 정권을 「매국노」라고 공격하는 논조가 한국 매스컴에 범람하고 있다. 또한 북한은 연일 라디오 방송을 통해 한국의 경제위기를 구제하려는 국제사회의 대응을 「IMF 식민지화」라고 반복적으로 공격했다. 국민에게 식량조차 충분히 공급할 수 없는, 한국에 비해 대단히 심각한 경제위기에 처해 있는 북한측으로부터의 이런 반격이 한국의 매스컴을 자극하고 있는 것도 무시할 수 없는 움직임이다.

만약 한국이 1997년 말 국제수지 위기로 인해 국제결제불능 사태가 일어났다면, 그것은 한국경제의 활동을 전면적으로 정지시키는 것과 같은 사태를 의미한다. 그렇게 되면 북한으로 하여금, 미국·일본 등 한국의 동맹국들이 한국을 돌보지 않는 사태로 오인하게 하는 배경이 되어 군사적인 모험을 감행하는 계기로 작용할지도 모른다.

사실 미국 국무부는 한국에 대한 거액의 자금원조 제공 문제를 검토하면서 소극적인 자세를 보였다. 그러나 주한미군 3만 8,000명의 안전을 책임진 국방부가 강력히 반발하고 나서 연말 결제불능을 피하기 위한 긴급지원 제공을 추진했던 것이다.

아시아에서 아직 냉전이 끝나지 않은 시점에서 발생한 한국의 경제위기는 단순히 경제 문제로만 처리할 수 있는 성격이 아니라, 오히려 군사적인 측면을 중시하면서 대응해야 하는 성격이 짙다는 점을 새삼스레 고려할 필요가 있다. 일본에서 자칫 이런 관점이 무시되는 이유는 국제적인 상식과 일본인의 관점 차이 때문이라고 할 수 있다.

제3장

아시아의 번영은 어떻게
태어났을까

1 ┌ 높은 성장률의 매력
선진국보다 풍부한 투자기회

정치적인 안정성

세계의 개발도상국 중에서 동아시아가 국제투기자금의
가장 매력적인 투자대상으로 선택된 최대 이유는, 먼저
이 지역 정치체제가 중대한 혼란을 맞이할 위험이 없다
는 판단 때문이었다.

제1장에서 지적했듯이 아시아에서는 완전한 의회민주
주의 정치체제가 겨우 정착되려는 단계였으며, 「평화적
정권교체」에 힘입어 잇달아 각 정치세력 간에 체제가 바
뀌기 직전의 단계였다. 즉 정권을 장악해 그 나라의 정

치운영에 대한 책임을 짊어지고 있는 세력에게는 일반국
민으로부터의 강한 반발이나 반대정당으로부터의 비판
등을 전혀 고려하지 않고, 철저한 경제성장만을 목표로
정치활동을 하는 것이 가능한 상황이었다고 말할 수
있다.

정치의 후진성이 경제성장을 촉진했다

더구나 군부 쿠데타가 되풀이되거나 정정이 대단히 불
안정한 것도 아니었다. 정권을 쥐고 있는 정치세력이 군
부든 특정 정당이든 일부 지역에 뿌리를 내리고 있는 정
치세력이든 간에, 적어도 지금 당장 정권으로부터 쫓겨
나 국내 무력충돌을 야기해 경제활동을 결정적으로 저해
하는 위험요소가 없는 단계라고 볼 수 있다. 반대로 어
떤 의미에서는, 정치의 후진성이 경제성장을 촉진하는 데
긍정적 요인으로 작용하는 단계에 머물러 있는 것이다.

따라서 이 지역 경제성장을 우선 촉진하는 데는 일정
한 정치적 안정이 충분조건이라고 할 수 있다. 일본 같
은 경제 대국에서도 그렇다. 확실히 자민당 정권은 오랫
동안 정권을 유지해왔다. 한때 신진당을 중심으로 하는
반대 당의 손에 정권이 넘어간 적도 있었다. 그러나 총
선거에서의 승리로 자민당은 정권재창출에 성공했다. 이

러한 패턴은 국제투기자금을 운영하고 있는 담당자의 눈으로 보면, 일본의 정치체제가 안정되어 있을 뿐만 아니라 근본적으로 체제전환의 위험이 존재하지 않는다는 인식을 하게끔 만드는 재료가 된다.

한국을 보더라도 그렇다. 1960년대 유신혁명 이래 한국에서는 「개발독재」가 일관되게 추진되었다. 그리고 이를 종식시킨 정치세력은, 점차 국민들 사이에서 정치적 민주주의의 정착과 평화적 정권교체를 갈망하는 새로운 요인을 잇달아 탄생시켰다. 그러나 실제로 여당과 야당 사이의 본격적인 정권교체는 1997년 12월까지 기다려야만 했다.

동남아시아에서 가장 민주적인 정치체제가 정착된 필리핀을 보자. 대통령 자신이 군인출신이긴 하지만, 확실히 라모스 정권은 자유주의 경제체제를 견지해 필리핀의 경제성장을 촉진하는 등 전통적인 정치세력을 그대로 대변하는 역할을 하고 있다.

같은 아세안에 속하는 태국의 군부독재는 지금까지 오랜 세월 동안 태국 정치체제를 군부의 영향 밑에 둔 게 사실이다. 그러나 점차 본격적인 정치 민주주의를 도입하고 헌법을 개정해 본격적인 정권교체의 첫걸음을 뗀 단계에 있다. 말레이시아와 싱가포르도 비슷한 단계다.

인도네시아의 수하르토 체제도 30년 동안 계속된 「개인독재체제」였지만, 정치정세 자체는 대단히 안정되어 있다고 보아도 틀림없다.

양질의 저렴한 노동력

원래 이 지역 전체의 인구는 5억 명으로, 세계에서 인구밀도가 가장 높은 지역이라고 할 수 있다. 그러나 이 지역의 교육수준은 세계 여느 개발도상국과 비교하더라도 상당히 높은 편이다. 특히 필리핀 등과 같이, 적어도 인구의 30%를 차지하는 중등교육 이상 교육을 받은 그룹은 완전히 영어로 말하거나 읽고 쓰기가 가능한 높은 지적 수준을 보유하고 있다. 그런 의미로 보면, 이 지역 노동력의 질은 다른 개발도상국과는 비교할 수 없을 만큼 높은 수준에 있다.

인도네시아 같은 일부 지역을 제외하면 이 지역에는 천연자원이 거의 존재하지 않는다. 인도네시아의 석유나 천연 가스를 제외하면 철광석, 석탄, 그 밖의 광물자원 규모는 세계시장에 독자적인 영향력을 행사할 수 있을 만한 수준이 못 된다. 또한 대부분 섬나라이며, 광대한 대륙에 속하는 나라와 달리 농업생산에 적합한 농지보유 면적도 대단히 미미하다.

따라서 동아시아의 유일한 경제활동 자원으로는 노동
력만이 높게 평가된다. 즉 이미 거론한 대로, 다른 개발
도상국과 비교해 높은 교육수준이 유일한 자산이라고 해
도 틀림없다.

이 지역에는 중국이라는, 세계 최대 인구를 보유한
「대국」이 있다. 세계에서 가장 가난한 생활을 하는 농촌
과 「개혁·개방정책」의 도입으로 급속한 부를 축적한 해
안지역으로 뚜렷이 구별되는 양극화 현상이 중국에는 존
재하고 있다. 국제투기자금에게는, 이것이 투기활동에
대단히 유리한 기회를 보증하는 새로운 요인으로 등장하
고 있다.

2 저임금의 매력

풍부한 노동력의 공급원은 농촌의 분해

동북아시아·동남아시아·중국의 차이

동아시아 전역의 최대 자산 및 자원은 노동력이다. 더
구나 이 지역의 최대 문제는, 오랜 역사를 가진 전통적
인 농촌이 경제성장과 공업화에 따라 급속히 해체·붕
괴·소멸됨으로써 거기에서 배출되는 방대한 잉여노동력

이 도시로 흘러들어와 새로운 노동력의 공급원이 되고 있다는 점이다. 이러한 측면으로 볼 때 중국은 가장 큰 잉여 노동력을 보유하고 있는 나라다. 그리고 중국은 소비재 부문을 중심으로, 즉 노동집약형 산업을 중심으로 잉여 노동력을 가장 유효적절하게 활용하기 위해 애쓰고 있다.

1993년 실시한 중국화폐 위안화의 평가절하는, 사실 중국 소비재 부문이 세계에서 가장 강한 경쟁력을 발휘해 세계 최대 소비시장인 미국에 자국 제품을 대량 판매할 수 있는 절호의 기회를 만든 것이었다. 그러나 노동력 자체는 풍부한 데 비해, 그 질은 대단히 뒤떨어진다. 사실 그것은 이 지역에 진출한 외국 자본, 외국 기업에게는 결코 가벼운 부담이 아니다.

한편 중국과 동아시아 사이에는 큰 차이가 존재한다. 특히 한국과 대만은 전후 일본 통치로부터 독립하는 과정에서 교육제도를 충실히 함으로써 노동력의 기술수준을 높이는 데 결정적인 역할을 했다. 동남아시아는 동북아시아에 비해 아직 교육정도도 낮고 지적 수준, 즉 문맹률 또한 높다. 이렇듯 중국과 같이 지적 수준이 낮은 노동력이 존재하는 동남아시아의 현재 상황은, 오히려 어떤 의미에서 볼 때 동아시아 전체 경제에 강한 다양성을 갖게 하는 요인으로 평가해도 좋을는지 모른다.

청년 노동력의 대량공급원

그러나 전체적으로 보면, 아시아의 번영을 가져온 가장 큰 요인 중 하나는 역시 풍부한 노동력이다. 선진공업국 전체의 경제수준이 향상됨에 따라 어떤 나라에서든 「자녀 적게 낳기」는 이제 완전한 현실이 되어 정착했다. 미국과 같이 전세계로부터의 대량 이민으로 인구가 증가한 국가는 예외이지만, 유럽이나 일본에서는 자녀 적게 낳기가 국내 노동력의 공급원을 급속히 감소시켜 21세기에는 한층 더 부담스런 경제 여건이 조성되리라는 점은 말할 필요도 없다.

동아시아는 아직 그러한 상황에 이르지는 않았다. 즉 자녀 적게 낳기는 도시에서만 발생하는 현상이며, 인구의 대부분을 차지하는 농촌에서는 여전히 「다사다산(多死多産)」이 주류를 이루고 있다. 즉 도시 주민의 「소사소산(少死少産)」과는 대조적인 인구구성을 갖는다. 이는 청년 노동력의 대량공급원을 지금도 잃지 않고 있다는 뜻이다.

따라서 동아시아 대부분의 나라에서는 대량의 청년노동자가 도시의 제조업 등 모든 분야의 경제활동에 끊임

없이 유입되어 급료 수준을 대폭 끌어내리는 요인으로
작용하고 있다. 더불어 동아시아는 여전히 노동집약형
상품의 생산이 활발해, 선진공업국에게는 매우 유리한
상품 공급원 역할을 하고 있다. 그리하여 이들 국가의
소비재 공급이 세계시장에서의 가격하락을 더욱 부채질
하는 요인 가운데 하나로서 부각되어온 것이다.

대미 달러화 연동의 의미

저임금의 매력을 증진시키는 요인 중 하나는, 이들 지
역의 통화가치가 공업화 촉진정책으로 정착한 일종의 대
미 달러화 연동 시스템에 따라 결정된다는 것이다.

세계시장에서 다국적전략을 추진하는 대기업에게 가장
유리한 조건은 투자 자금의 해외가치를 안정시키기 위한
대미 달러화 연동 시스템의 정착이다. 동시에 공장 완공
이후의 관건은 상대적인 저임금을 잘 활용할 수 있는지
의 여부다. 특히 소비재 부문에서는 대부분 노동집약형
상품생산체제가 기조를 이루고 있으므로, 저임금의 활용
유무는 문자 그대로 경쟁력을 좌우하는 결정적인 요인
중 하나다.

외국 기업과 자금 적극 도입

20세기 후반 들어 정치적인 독립을 달성하고 경제적인 자립을 실현해 경제성장을 일거에 달성하려고 생각한 아시아 국가들에게는 공업화를 중심으로 경제성장을 촉진하는 정책 외에는 선택의 여지가 없었다. 이것은 어느 나라에서건 공통적인 원칙이었으며, 동아시아 국가들도 똑같이 공업화 정책을 자국 경제정책의 기본축으로 삼았다.

여기에 필요한 것은 우선 세제다. 즉 외국 진출기업을 포함해 자국에서 설립한 기업에 대해서도 똑같이 기업설립 후 몇 년 간 법인세 세율을 대폭 경감하거나 일정 기간 완전히 세금을 면제하는 조치를 취했다. 한편 외국에서 자금을 도입해 이를 공업화에 필요한 투자「원금」으로 삼아야 했다. 그 때문에 외환정책 면에서는 대미 달러화 연동 시스템을 채택한 것이었다. 즉 외국 기업이 일단 투자한 자금을 회수할 때에도 완전히 환율변동의 위험으로부터 자유로운 시스템을 도입함으로써 국제금융 시장으로부터 거액의 자금 유입을 촉진하는 정책이 실시되었다.

대미 달러화 연동 시스템의 문제

물론 이러한 정책을 취하면, 돌발적인 상황에 유연하게 대응하기 어려운 제약도 생긴다. 예컨대, 1997년 태국에서 이러한 대미 달러화 연동 시스템이 대단히 까다로운 모순에 직면했다. 즉 이 시스템이 연초 400억 달러였던 태국의 외환보유고를 그 해 중반에는 일시에 90억 달러로 축소시키는 냉엄한 상황을 연출한 것이었다. 그리고 드디어 이 대미 달러화 연동 시스템의 존속 자체가 불가능한 상황에 이르자 태국은 자국통화인 바트에 변동환율제를 도입하지 않으면 안 되었다.

그러나 일본을 포함해 태국에 진출하려 했던 세계의 대기업은 그 때까지 설비투자를 거의 완료해놓고 있었다. 태국은 국제금융시장에서 조달한 자금으로 거액의 설비투자를 전개하려 했으나, 이미 도로·교량·항만·철도·전신전화·상하수도 등 이른바 사회간접자본 자체의 제약이 있어 우선 불가능했다. 이와 같은 상황에 태국 경제가 직면했던 것이다. 솔직한 표현을 쓰면, 사회간접자본 능력의 한도에서 볼 때 태국이 국제금융시장에서 거액의 「자금」 유입을 기다려 경제성장을 촉진시키는 노선을 계속하는 것은 이제 한계에 달했다고 보아도 좋다.

한계에 달한 공업화

이러한 사태에 직면하자 태국 정부는 지나치게 유입된 외국 자본을 이번에는 태국 밖으로 추방하기 위한 정책을 도입할 수밖에 없었다. 결국 태국은 바트화를 변동환율제에 이행시켜 이를 본격적으로 실현한 것이다.

빈정거림으로 들릴지 모르지만, 태국이 이러한 정책을 도입한 시기에 사실 아세안에 속하는 다른 국가들도 같은 형편에 처해 있었다고 보아도 좋다. 변동환율제로 인해 태국 바트화의 여파가 즉시 말레이시아 · 싱가포르 · 인도네시아 · 필리핀과 아세안에 속하는 모든 나라, 그리고 대만 · 한국과 동북아시아의 각국까지 파급된 것은 바로 그러한 일면의 반증이다.

바꿔 말해 동아시아의 통화위기는, 각 국가가 일정한 한계까지 자국의 공업화를 추진했기 때문에 똑같은 노선을 추진하는 것 자체가 더 이상 어려운, 대단히 냉엄한 제약이 생겼다는 얘기다. 즉 일정한 성과를 올린 이후의 반동이라고 말할 수 있다.

어쨌든 자국에 진출한 외국 기업에게 세제를 유리하게

하고, 일정한 한계에 도달할 때까지 국제금융시장에서의 자본유입에 도움이 되는 환율시스템 도입이 자국 경제성장과 경제적인 번영을 촉진하는 데 큰 역할을 수행했다고 해도 지나친 말은 아니다. 동시에 이들 국가의 경제적 번영은 각국의 사회체제와 정치에 큰 영향을 준 것도 틀림없는 사실이다.

정치위기는 발생하지 않았다

그런데 이들 나라 전체를 살펴봐도 경제위기의 책임규명 작업이 제대로 이루어졌다고 말하기는 어렵다. 예외적인 몇몇 사건이 최근 있었다. 한국의 대통령 선거에서 여당이 패배하고 야당을 대표하는 김대중 씨가 당선됐다는 것, 1998년 5월 필리핀 대통령 선거에서 보수세력을 대변하는 라모스 현 대통령의 후임으로 어떤 세력의 새로운 대통령이 선출될지 혼돈 상황이 계속되고 있다는 것, 그리고 태국에서 1997년 11월 차왈릿 용차이웃(Chavalit Yongchaiyudh) 총리 정권이 붕괴했다는 것 등을 들 수 있다. 물론 이러한 예는 정치위기가 발생했던 것은 아니었고, 단지 정권교체라는 형태로 경제위기에 대한 정치적인 책임이 구체화됐다는 의미로 볼 수 있다.

뒤에 다시 언급하겠지만, 동아시아의 최대 문제는 중

국이다. 중국에서도 1997년 9월 중국공산당 제15차 전국 대표대회에서 장쩌민(江澤民) 총서기 등 현 정권의 최고책임자들은 그 지위를 지키는 데 성공했다. 물론 몇 사람은 예외였지만, 기본적으로 장쩌민체제는 그대로 존속해 현재까지 그 소임을 다하고 있다. 그러나 1998년에도 중국공산당이 내부 붕괴의 위기에 직면하지 않고 일당독재체제를 그대로 견지해나갈 수 있을까? 이것이야말로 바로 동아시아의 경제위기와 세계체제와의 관계에서 결정적인 의미를 갖는 대사건으로 발전할 가능성이 있다.

1997년 발생한 동아시아의 경제위기는, 무엇보다도 전후 지속적이고 급속한 성장을 최대 목표로 추구해온 이들 국가 전체에서 이미 일정한 목표 수준에 도달한 데 대한 반동으로 해석해도 좋을는지 모른다. 문제는 21세기에도 이들 국가가 20세기 후반에 보여준 것과 똑같은 고도성장의 궤도로 일제히 복귀할 수 있느냐의 여부다. 이것은 다음 장에서 자세히 검토해보자.

축소되는 아시아 각국의 대형 프로젝트

1997년 9월까지 인도네시아에서는 부동산개발에 대한 민간 프로젝트 690건 중 83%에 해당하는 576건이 중단

되었다. 그 중 48%인 337건은 미착공, 35%에 해당하는 239건은 착공은 했지만 완공하지 못한 채 공사가 중단됐다. 완성된 공사는 계획의 9%에 그쳤다. 이같이 조급한 프로젝트 중단 때문에 이미 2,400개에 달하는 건설업자가 도산에 몰리고, 19만 5,000명의 노동자가 직장에서 밀려났다. 공공사업 건설공사에서도 22%가 중단되었다.

태국에서는 수도 방콕의 교통기능을 획기적으로 개선하기 위해 계획된 고속수송수단인 고속철도의 건설공사가 중지되었다. 이 프로젝트는 홍콩에 본거지를 둔 국제적인 대규모 건설업자 호푸엘사가 BOT방식(개발 프로젝트를 수주한 건설업자가 사업에 필요한 자금을 조달하고 자본설비 등을 건설한 후 일정 기간 동안 운영하는 것. 운영기간이 종료되면 정부에 무상으로 양도한다)으로 총 128억 바트의 예산을 편성해 담당했었다. 그러나 1998년 11월 아시안게임 개최 전까지 공사를 끝낸다는 당초 계획을 달성할 수 없을 것으로 판단한 태국 정부는 공사 중단과 계약 파기를 요구했다.

그러나 이 프로젝트가 최근 국제적으로 크게 유행하는 「BOT」방식에 근거를 두고 있고, 나아가 공사를 담당한 업자가 국제사회에서도 잘 알려진 기업이었기 때문에,

계약중단 교섭은 난항을 겪고 있으며 해가 바뀌어도 여전히 타결되지 않고 있다.

또 태국에서는 「발전공단(EGAT)」의 1998년 설비투자를 720억 바트에서 691억 바트로 삭감했다. 더욱이 고속도로공단에서는 제2기, 제3기, 제4기 신설공사 계획, 수도지하철 건설공사, 국철 신설계획, 남부 농하오공항 공사, 팡퐁 국도건설계획 등 총 4,200억 바트에 달하는 BOT방식의 공공 사업투자를 중단했다.

말레이시아에서는 보르네오 북단의 사라와크 주 바쿤 수력발전소, 히케다 공항, 리니어 철도 건설 등 세 건의 공사를 중지했다. 삭감된 건설공사비는 250억 링깃에 달한다.

인도네시아에서는 100조 루피아에 달하는 공공 사업투자의 중단을 결정했다. 거기에는 39군데의 고속도로 건설공사, 정유소 2개소(건설예산 8억 달러), 망그라이다 터미널(건설예산 2억 8,000만 달러), 발전소 9개소(건설예산 4억 9,000만 달러), 수도 자카르타의 자카르타 타워(건설예산 5억 6,000만 달러)가 포함되어 있다.

이러한 공공사업 투자삭감 노력은 IMF 주도로 이루어진 국제적 긴급지원의 대가로서, 수혜 각국이 IMF로부터 요청받은 긴축재정의 구체적인 이행 조치였다.

제4장

아시아에 유입된 방대한 외국 자본

1 국내 자본은 어디로 갔는가

─경제성장의 원천은 외국 자본─

필요한 자금 조달방법

동아시아가 급속한 경제성장을 달성하기 위해서는, 우선 국제금융시장에서 거액의 「외자유입」이 중요한 요인이었다. 물론 어떤 정치체제나 경제제도 아래 있더라도, 정부 주도든 민간 주도든 간에 급속한 경제성장을 이룩하는 데 필요불가결한 설비투자 자금으로서 국제금융시장에서의 자본조달이 큰 역할을 하는 것은 당연하다.

급속한 경제성장을 이룩하고자 하는 나라라면, 처음에

는 국내 자본축적이 매우 모자라게 마련이다. 경제성장을 달성하기 위한 필요불가결한 설비투자비는, 특히 20세기 후반 들어 기술의 고도화와 그 경제단위에 맞는 생산규모 등의 설비를 만들고자 하는 경우 거액의 자금조달을 필요로 했다. 따라서 선진국이라면 모르지만 원래 자본축적이 미약한 개발도상국이나 중진국은 당연히 국제금융시장에서의 조달에 의존하지 않을 수 없다.

그러나 그렇다고 해도 동아시아 각국의 외자의존도가 지나쳤다는 점은 부정할 수 없다. 물론 국내 자본축적, 즉 저축을 상회하는 거액의 자금조달을 단기간에 이룩하고자 할 경우에 발생하는 모순과 혼란이 만만치 않았다. 따라서 국제금융시장에서의 자본조달에 의존하지 않을 수 없었다.

국내 자금형성으로 빠른 경제성장 달성

국제금융시장에서의 자금조달에 토대를 둔 급속한 성장정책은 국내에서의 자금조달, 즉 국민의 개인저축에 의존한 국내 자본형성을 훨씬 상회해 빠른 속도로 경제성장을 달성시키는 요인이 되었다. 그러나 외자의존에 의거한 경제성장 노선이 한계에 달했다고 판단될 때에는 국내 자본축적을 중시하는 노선으로 바꿔야 한다.

제2차 세계대전에서 패배한 일본의 실례를 보더라도 그렇다. 물론 패전의 충격은 대단히 컸다. 당시 GNP는 전쟁 전 수준보다 훨씬 낮았다. 따라서 경제 부흥, 재건, 고도성장으로 옮겨가기 위한 자본조달은 역대 정권에게 가장 시급히 해결해야 할 난제 가운데 하나였다.

그러나 일본 정부는 국내자금 우선 노선을 일관해서 추진했다. 물론 세계 개발도상국의 성장과 발전을 위해 장기자본의 조달을 담당하는 IMF·세계은행 등 국제기관의 차관을 몇 차례 도입하긴 했지만, 그것은 어디까지나 특정 프로젝트를 실행하기 위한 자본조달이었다. 예를 들면 사쿠마(佐久間) 댐, 도카이도(東海道) 신칸센(新幹線), 그 밖에 각 철강회사의 임해제철소 건설공사 등이 그 대상이었다. 이러한 자본조달이 결과적으로 일본의 경제성장에 크게 기여한 것은 틀림없다.

국내 자본축적에 전력을 기울인 일본 정권

그러나 일본의 고도성장에 필요한 자금조달은 기본적으로 국내 자금이었다. 따라서 일반 국민들에게 저축을 적극 장려하는 제도가 도입되었다. 예를 들면 일정 금액까지 개인 금융자산의 이자에 대해 전혀 소득세를 징수하지 않는 소액저축우대제도 등, 이른바 비과세 상품을 오랜 세월 취급했다. 그 결과 우편저금·은행예금·국채·일반사채 보유 등이 일반 국민 사이에 급속히 정착되었다. 현재 그 총액은 1,200조 엔으로, 일본 GNP의 2년 분이 넘는 거액을 확보하게 되었다.

그 동안 일본은 외환관리법을 강화해 일본 국내에서 축적된 자금이 국외 금융시장이나 증권시장에 유출되는 일이 없도록 엄한 규제를 가했다. 역대 정권은 어디까지나 국내에서의 자본축적, 금융자산의 형성을 위해 전력을 기울인 것이다.

그러나 그 배경에는 전후 실시된 일련의 개혁조치가 자리잡고 있다. 예를 들면 패전 후 즉시 착수되어 대규모 국내 시장을 형성한 요인으로서 농지개혁을 들 수 있다. 전전의 농촌과 전후의 농촌을 비교해보면 극단적인 차이를 발견할 수 있다. 전전에는 지주가 부과하는, 이른바 고율의 소작료 때문에 농민이 지주에게 일방적으로 착취받는 상황이 전개되었다. 그러나 전후에는 자작농으로서 수확한 모든 농산물을 농민의 의지대로, 특히 정부가 시행하는 가격지지정책 덕분에 꽤 유리한 조건으로 판매할 수 있는 시장이 형성된 것이다. 이러한 개혁조치가 일본 국내 시장의 성숙에 크게 기여한 것이다.

농지개혁 없는 동남아시아

동아시아 국가 중 일본과 같이 전후 농지개혁을 실시한 나라는 대만과 한국뿐이다. 바시 해협 남쪽에 있는 동남아시아 국가는 아직까지도 농지개혁에 전혀 손을 대지 않고 있다.

이들 각국의 농촌에서는 광대한 농지를 소유하는 지주와 그 농지를 빌려 경작하는 소작농이 대부분이며, 직접 경작에 종사하는 농민은 대단히 힘들고 빈곤한 상태로 방치되어 있다. 또한 근대적인 농업기술을 도입해 농지의 비옥도를 높이고 농민 스스로 토지에 적극적인 투자를 하고자 하는 자세가 결여되어 있기 때문에, 농업생산성이 낮은 상태가 오늘날까지 지속되고 있다.

따라서 농촌에서의 개인금융자산 형성은 소수 대지주에게 한정되었고, 대지주들은 그들 나름대로 도시의 기업경영자 또는 은행의 소유자로서 경제계의 골격을 형성하는 존재가 되었다. 이로 인해 전전의 일본과 마찬가지로 극심한 빈부격차가 발생하게 되었다.

동아시아 각국에서 개인금융자산을 보유하고 있는 계층은 농촌에 있는 소수 대지주, 도시의 기업소유자, 그리고 은행경영자에 한정된다. 일반 서민은 하루하루 생활하기도 힘들어, 도저히 자력으로 저축할 여유가 전혀 없는 빈곤층이 대다수다. 그들이 경제성장에 필요불가결한 거액의 투자 기초를 형성하기를 바라는 것 자체가 무리다.

결과적으로 경제성장에 필요한 설비투자와 사회자본의 형성에 필요불가결한 기초자본을 국제금융시장의 자본조달에 의존하지 않을 수 없는 구조적인 허약함이 이번 경제위기가 폭발하면서 일시에 드러난 것이다.

정부가 금융을 쥐고 있는 한국

같은 아시아에 속하는 나라라고 하더라도, 한국은 역대 정권이 일관된 정책으로서「제조업은 재벌에, 금융업은 정부의 손에」라는 노선을 취했다. 전전의 일본 재벌과는 달리 전후 형성된 한국의 재벌은, 은행이라는 근대적인 금융기능의 보유가 금지된 채 오늘에 이르고 있다. 한국 금융제도의 골격을 형성하는 시중은행이 주식회사 형태를 띠고는 있지만, 그 주식의 보유는 개인·법인·외국인 등을 막론하고 발행 총주식 수의 4%에 한정되어 있었다. 따라서 대재벌일망정 시중은행의 주식 보유는 한 은행당 4%라는 낮은 수준에 고정되어 은행 경영권 장악과는 거리가 먼 상태에 있었다.

더구나 한국 정부는 은행 경영자의 고위급인사는 물

론, 영업방침과 융자대상의 선택에 이르기까지 강한 발언권을 갖고 있다. 역대 대통령은 시중은행에게 특정 민간기업, 주로 재벌에 속하는 민간기업의 융자에 관해 금액·조건 등의 지시를 해왔다. 바꿔 말하면 은행융자를 정부가, 특히 국정 최고책임자인 대통령이 개인적으로 통제하는 체제를 오랫동안 유지해왔던 것이다. 이러한 관치금융은 한국 정부가 1997년 경제위기에 직면해 IMF로부터 거액의 자금원조를 얻는 조건으로 포기할 때까지 오랜 세월 계속되었다.

외자를 도입할 수 있는 특정 기업 그룹

외자에 의존해 경제성장을 꾀하는 이유로서, 외자가 제시하는 융자조건과 국내 금융시장의 현실 사이에는 적잖은 금리수준 차이가 있다는 점을 밝혀야겠다. 그리고 이러한 외국 자본은 특정 기업 그룹만이 활용할 수 있었다. 즉 한국은 재벌, 필리핀은 일련의 대기업, 그 밖에 말레이시아·태국 등 다른 나라에서는 권력과 가까운 유력기업의 경영자에게만 「특혜 융자」가 보증되는 전제조건이 있었다.

예를 들면 한국의 경우 외자가 제시하는 금리는 기껏 연간 5~6% 수준인 데 비해, 국내 시중은행에서 받는 융자는 8%, 때로는 12%의 고율이었다. 이 금리 격차만으로도 외자 도입이 허용되는 경우와 그렇지 않은 경우의 경영 능력에는 매우 큰 영향을 주는 것이다.

권력에 따라 자금배분이 좌우된다

1980년대 말까지 이와 유사한 상황은 동남아시아를 비롯해 동아시아의 많은 나라에서 일종의 정·경 유착을 가져오는 가장 큰 요인의 하나로 정착했다.

따라서 경제성장에 필요불가결한 외자도입 방식은 경제적인 합리성을 무시한 채 진행되었다. 당시 정권담당자와 개인적으로 연결된 관계 또는 증여를 통해 확립된 관계가 유리한 자금조달 방식을 행사하면서 경제계를 움직이고 있었다. 즉 거기에는 자금이라는, 경제활동에 가장 중요한 요인의 하나가 경제적인 합리성을 기준으로 기업과 각 부문 사이에 배분되는 것이 아니라 정권을 쥐고 있는 세력의 편의대로 좌우되는 사태가 나타났다. 이것이 그 나라의 경제성장을 더욱 왜곡시켰으며, 더구나 비정상적인 궤도로 경제구조를 바꿔가는 요인이 되었다.

이로 인해 발생한 모순이 바로 이번 경제위기라고 할 수 있다.

국제투기자금의 영향력 강화

1985년 플라자 합의 이후 국제금융시장에 큰 변화가 생겼다. 그 때까지 일관된 달러 상승 노선을 포기한 미국이, 이번에는 달러 평가절하 노선으로 전환한 것이었다. 동시에 그 동안 몇몇 시장조건의 변화가 생겨 유동성이 높은 거액의 자금이 국제금융시장에 형성되었다.

이른바 「국제투기자금」이 점점 더 발전해 그 영향력을 강화했다. 즉 국제금융시장에서의 자금조달을 경제성장에 필요불가결한 기초자원으로 활용하고 싶어하는 동아시아 국가의 정부 및 정권담당자들이 이러한 투기자금을 자국 금융시장에 도입할 수 있는 기회를 잡은 것이었다. 또한 이것을 통해 자국 금융시장을 일거에 성장시키는 것이 최대의 과제가 되었다.

우선 1993년 태국은 금융자유화를 본격적으로 단행해 국내 금융시장과 병행해 「역외금융시장(off-shore banking market)」을 개설했다. 이는 전면적인 은행업무를 허용받은 외국은행의 자국 내 지점개설 조건으로서 의무적으로 이 역외금융시장에 참여시키는 강한 장려조치였다. 태국

은 이것과 병행해 바트화의 대미 달러화 연동 시스템을
도입했다. 바꿔 말해 어떤 의미에서 볼 때 태국의 금융
시장은 완전히 국제금융시장의 일부가 되는 시스템을 도
입함으로써 단숨에 성장했다는 말이다. 그리고 역외금융
시장에서 조달한 자금이 국제금융시장에서 조달한 자금
과 동일한 조건을 얻을 수 있도록 금융 시스템을 전면적
으로 개혁했다.

또 다른 국가, 예를 들면 필리핀 또는 인도네시아에서
도 똑같이 국내 금융시장에 국제적인 규칙과 국제적인
기준을 도입했다. 이를 통해 각 나라는 자국의 금융시장
에 강한 활력을 주면서, 동시에 국제금융업무를 경영하
는 세계적인 대은행을 자국 금융시장에 참여시키는 절호
의 조건을 제공하기 위해 노력했다.

기반이 취약한 금융시장

또한 1990년대 들어 점차 금융시장의 국제화가 본격적
으로 정착되었다. 즉 뉴욕 금융시장에서 발생하는 금리
수준의 미묘한 변동, 또 환시세의 변동을 통해 세계 각
국의 금융시장을 매일, 그야말로 분·초를 다투어 이동
하는 거액의 투기자금 중 일부를 자국의 금융시장에 투
입함으로써 경제성장에 필요한 기초자원의 조달을 용이

하게 하고자 하는 정책이 일련의 제도개혁을 이루어냈다.

그러나 이러한 국제금융시장에 국내 자본축적, 특히 개인금융자산의 형성을 무시하고 일방적으로 거액의 투기자금을 도입한다는 것은 그만큼 그 나라의 금융시장 기반이 취약하다는 뜻이다. 예를 들면 어떤 위기가 발생할 경우, 역외금융시장의 주력인 투기자금이 국제금융시장 센터인 뉴욕으로 순식간에 빠져나가면 그 충격은 엄청난 파장을 불러일으킬 것이다.

1997년 경제위기가 단숨에 각 국가를 통화위기로 발전시킨 최대 이유는, 방어조치나 대책을 강구하지 않고 단지 국내 금융시장의 국제화를 일방적으로 서두른 정책 실패의 산물 때문이라고 할 수 있다.

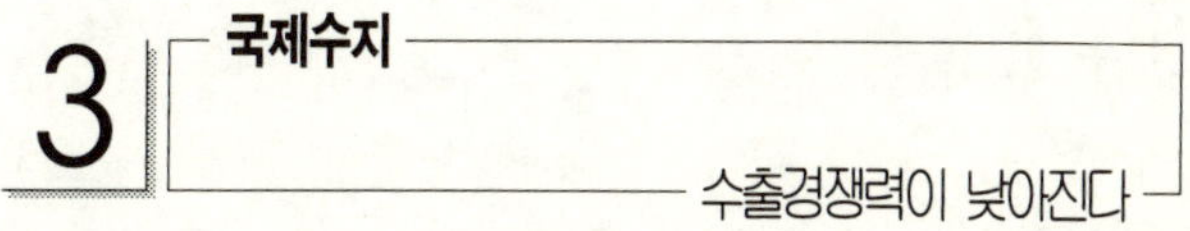

제조업의 외형적인 성장

동아시아 경제성장 속에서 제조업은 급속도로 양적인 확대를 이루었다. 어떤 나라에서건 제조업은 가장 성장

률이 높은 분야로서 각국 경제의 중심을 형성하는 방향
으로 발전했다.

그 속에서 각국의 경제계와는 별도로, 일본 등 선진국
의 대량 설비투자가 여러 나라에 새롭게 전개되어 제조
업의 외적인 확대와 성장에 크게 공헌했다.

그러나 제조업 시스템을 체계적으로 형성하는 데 성공
한 나라는 한국과 대만뿐이다. 그 밖에 아세안 국가들을
중심으로 한 동아시아 각국에서는 산업의 「쌀밥」이라고
말하는 강재(鋼材)를 비롯해 일련의 기초자재 자급체계
등 제조업의 외형적인 성장만을 추구했다.

이러한 기초산업부문에 대한 적극적인 투자는 거액의
자금뿐만 아니라, 건설공정 외에 안전한 조업을 위한 장
기간의 시험운전 기간도 필요로 한다. 또 이러한 기초산
업에 종사하는 노동력에 대해서는 고도의 기술지식과 훈
련이 필요하기 때문에 인력 양성도 꽤 중요한 과제가 아
닐 수 없다.

단기적인 경영자의 관점

그럼에도 불구하고 이러한 기초산업부문의 투자는 선
진공업국의 동일업종과 치열한 국제경쟁에 그대로 노출
되기 때문에 결코 경영상 유리한 것은 아니다.

　경영자의 대부분은 제조업에 투자할 때, 그 즉시 투자를 회수해 되도록이면 높은 이익을 확보하고 싶어한다. 그러므로 기초부문부터 서서히 쌓아올려 조직적이고 체계적으로 제조업의 시스템을 형성한 후 본격적인 공업국으로 자국의 면모를 바꾸겠다는 목표가 기본적으로 결여되어 있다. 더욱이 투자는 반드시 높은 이익을 낳아야 하고 투자 금액은 빠른 시일 내에 큰 이익을 발생시키지 않으면 안 된다는, 말하자면 일종의 「상업자본」적인 발상에 따라 제조업을 경영하려고 한다. 그것은 효율이 높은 부품과 중요한 설비를 모두 해외 선진국 수입에 의존하고, 단지 저임금의 노동력을 투입함으로써 최종 조립공정만을 자국의 제조업 중핵에 설치하겠다는 발상으로 이어진다.

기초산업을 중시한 한국과 대만

　그러나 동북아시아 2개국, 즉 한국과 대만에서는 좀더 정치적인 관점으로 접근했다. 이러한 시스템의 도입보다 국가가 총력을 기울여 기초산업을 육성하고 형성함으로써 본격적인 공업국가로의 변신을 꾀하고자 했던 것이다. 바로 이런 관점의 차이가 동북아시아와 동남아시아 사이에 현저한 격차를 낳았다.

1960년대 한국의 혁명 군사정권이 본격적인 경제발전에 착수했을 때, 군사정권 수뇌부의 머리에는 우선 그 당시 한국보다 공업화가 더 진행되어 경제력에서 우위를 차지한 북한과의 대립을 한국에 유리한 쪽으로 신속히 전환해야 한다는 발상이 있었다.

마찬가지로 대만 정권을 쥐었던 국민당의 장제스(蔣介石)와 그의 후계자 장징궈(蔣經國) 등도 기초부문에서 중국 대륙의 공업력에 대항할 수 있는, 대등한 힘을 가진 제조업을 건설해야 하는 과제에 직면했다. 만약 실패하면 자신의 존재 자체가 부정되는 위험에 그대로 노출되는 위기감을 안고, 대만에도 이른바 중화철강창(CSC)을 가오슝(高雄)에 건설하겠다는 결단을 내렸다.

엔화상승을 성장의 계기로

아세안을 중심으로 하는 동남아시아 국가에서는, 정권 담당자가 정치적인 결단이나 어떤 목표설정도 하지 않은 채 사태추이만 보고 있었다. 이미 제2장에서 지적한 대로 1980년대 말부터 1990년대에 걸쳐「엔화상승」으로 일본 제조업은 동남아 각국으로 급속히 진출했다. 이들 동남아시아 정치지도자는 공업화를 추진하는 등 경제성장의 호기를 일본이 제공해주는 것으로 환영하는 자세를 보였다. 그러나 제조업이 필요로 하는 기초자재, 예를 들면 철강의 자급체제를 정비하는 발상은 전혀 이루어지지 않았다.

근대적인 제조업은 일관된 시스템을 갖고 있다. 따라서 최종공정만을 자국에 도입해 이것을 축으로 공업화를 추진하고자 하면, 필연적으로 무역수지 적자를 발생시킨다. 즉 미국제 중심의 소비재 완성품을 대량으로 생산해 공급하려면, 그 생산에 필요불가결한 기계류는 일본 등 선진공업국에서 도입할 수밖에 없다. 또한 최종조립에 필요불가결한 중요 부품도 일본 등 선진공업국의 공급에 의존하므로, 대미 수출 확대를 지속하는 방식은 불가능한 것이다.

따라서 대미 수출을 늘리면 늘릴수록 대일 수입이 불어나는, 구조적인 불균형이 발생했다. 무역수지 면에서는 대미 흑자가 증가하는 한편, 대일 적자는 그것을 훨씬 상회하는 속도로 늘어가는 기형적 구조가 동아시아 전역에 걸쳐 정착되었다.

연구개발투자가 낮은 한국과 대만

대만과 한국은 적어도 철강에 관해서는 완전한 자급체제를 정비했으며, 세계 유수의 철강생산국으로 변신했다고 해도 틀림없다. 그러나 철강을 다시 가공해 자동차 부품이나 전자부품으로 만들기 위한 중간재 생산부문에서는 별도의 요인, 즉 낮은 연구개발투자 때문에 많은 방해를 받고 있다. 결과적으로 이 부문에서는 대단히 취약한 수준을 벗어나지 못하고 있다.

한국은 군사정권 아래에서 제철소를 건설한 후 30여 년이 경과해 철강은 완전한 자급체제에 돌입했다. 그러나 이는 어디까지나 강재 그 자체의 자급을 의미할 뿐, 그것을 가공해 자동차 부품 등으로 마무리하기까지의 중간공정에서는 여전히 자급자족 체제에 도달하지 못하고 있다.

대만의 제조업도 마찬가지다. 즉 가장 기초가 되는 강재생산과 최종제품 조립과정에서 몇몇 취약부분을 보완하기 위해 불가피하게 일본에서 수입하고 있는 실정이다. 이런 과정이 이들 각국의 경제구조 속에 나타나고 있는 것이다.

대미 흑자, 대일 적자 정착

그 결과 동아시아 전역에 걸쳐 무역의존 정책, 즉 대미 수출을 늘려 공업생산을 확대하고 자국의 공업화와 경제의 고도화를 함께 추진해나간다는 계획 자체가 이제는 무역수지와 국제수지 부문에서는 대미 흑자, 대일 적자라는 불균형을 초래하게 되었다.

이 부문에서 단 하나의 예외는 인도네시아다. 인도네시아는 일본으로 원유·석유제품·천연 가스를 대량수출하고 있어 대일 무역수지는 흑자를 지속하고 있지만, 대미 무역흑자가 높은 수준에 달하지 않아 상대적인 적자로 전락하고 있다. 그 밖에 동아시아의 각국은 전부 「대미 흑자, 대일 적자」라는 불균형을 지금까지 절대로 면할 수 없는 상태에 처한 것이다.

소비재의 국제경쟁에 뛰어난 중국

따라서 동아시아 전역에 걸쳐 무역의존도가 급속히 높아졌다. 그리고 수출을 늘리고자 하는 경우, 특히 소비재에 관해서는 국제경쟁의 거센 파도 속에 스스로 말려드는 노선을 선택하지 않을 수 없게 되었다.

소비재 생산, 특히 노동집약형 상품생산의 경쟁력을 좌우하는 가장 결정적인 요인은 임금수준이다. 동아시아에서 가장 낮은 임금수준을 유지하고 있는 나라는 중국이다. 중국은 12억이라는 거대한 인구, 특히 농촌에서 발생하고 있는 수억 명의 방대한 잉여노동력과 세계최저 임금수준을 배경으로 소비재 수출 확대라는 형태로 국제수지를 흑자로 전환하는 데 성공했다. 반면에 그것이 동

아시아 국가들의 노동집약형 상품 경쟁력을 급속히 저하
시켰고, 이로 인해 한층 더「대미 흑자, 대일 적자」를
증폭시키는 결과를 야기했다.

4 엔화상승 효과
일본 기업의 국제화로 인한 대규모 진출

엔화상승이 낳은 다국적화

1985년의 플라자 합의 이후 급속히 진행된 엔화상승은
일본 기업, 특히 제조업 부문에게는 단숨에 다국적화를
강요하는 대단히 강한 외적 요인이 되었다. 1달러 240엔
으로 시작된 플라자 합의 이래 엔화상승은 10년 뒤 1995년
4월 드디어 1달러 80엔을 순식간에 뛰어넘는 초고속 행
진을 지속해왔다.

10년 동안 엔화의 대미 달러 환율이 세 배로 상승한
것이다. 이런 사태를 견디기 위해 일본의 제조업은 두
가지 노선을 선택하지 않으면 안 되었다.

세계 제일의 민간 연구개발투자

그 한 가지 노선은, 기술의 연구개발투자에 전력을 기

울여 일본 제조업의 기술을 세계 최고 수준으로 끌어올리는 한편, 일본의 제조업이 제공하는 상품을 소비재로부터 기계류를 중심으로 하는 자본재, 그리고 소재 및 중간부품 등으로 이루어지는 생산재 수출로 전환해나가는 형태다.

나머지 한 가지는, 소비재 수출에 대해서는 최종조립공정을 중심으로 임금수준이 낮은 개발도상국으로 생산 거점을 이전해 총생산 비용의 대폭적인 절감을 실현하는 「국제화」 노선이다.

전자에 관해서는, 1990년경 드디어 일본 제조업이 미국의 동일 업종을 상회하는 연구개발투자를 하게 되었다. 특히 일본의 연구개발투자는 미국과 비교해 「민생중점」이 현저한 것이 그 특징이다. 미국의 경우 제조업을 중심으로 하는 민간기업의 연구개발투자와 거의 같은 액수를 연방정부가 부담하고, 그 연방정부의 연구개발투자 지출 가운데 약 절반은 국방부가 담당하는 군사목적이 주류를 이룬 것이다. 바꿔 말하면 미국에서는 군사목적의 연구개발투자가 전체의 25%를 차지하는 것이다.

이에 비해 일본의 민간부문 연구개발투자는 연간 10조 엔 수준에 달하는데 정부의 분담률은 50%, 즉 5조 엔 안팎에 지나지 않는다. 그 중 군사목적의 방위청 연구개발예산은 연간 1,000억 엔에 그쳐 전체 연구개발투자에서 차지하는 비율은 0.6~0.7% 수준에 머무르고 있다.

결과적으로 일본의 연구개발투자는 99% 이상이 민생 목적, 즉 평화 목적의 기술 연구개발이며, 미국은 연구개발투자의 25%가 군사목적이고 민생이나 평화목적은 75%에 지나지 않는다는 것이다. 따라서 평화목적을 위한 기술의 연구개발투자는 분명히 일본이 미국을 상회하는 세계 제일의 규모에 달했다고 볼 수 있다.

따라서 1985년 플라자 합의로 시작된 엔화상승 대책이 어떤 의미에서는 대단히 긍정적인 요인으로 작용했다고 평가할 수 있다.

자본재의 비가격경쟁력이 결정적인 요소

그 결과 1996년 일본 무역구조를 살펴보면 상품수출 중 비디오·승용차 등 내구소비재를 포함하는 소비재는 수출의 20% 이하이며, 80%를 약간 상회하는 수출은 기계류를 중심으로 하는 자본재와 기초자재·중간부품 등 생산재가 차지하고 있다.

소비재·자본재와 생산재는 시장에서 사는 사람이 완전히 다르다. 전자는 개인 소비자이며 후자는 기업이다. 기업과 개인은 같은 상품을 선별할 때 판단기준이 완전히 다르다. 개인이면, 우선 가격이 최대 문제가 된다. 즉 싸면 팔리고 비싸면 팔리지 않는다. 그러나 기업의 경우 가격보다 그 제품의 품질이나 성능, 즉 제조자의 기술수준이 문제가 된다. 다음 과제는 그 제품의 신뢰성 유무다. 즉 기계류면 구입 후 곧 고장나거나 파손되지 않을까, 부품이면 불량품은 아닐까, 부품을 구입하더라도 샘플 검사만 마친 후 즉시 생산 라인에 투입해도 아무런 지장이 없을까, 그렇지 않으면 전수검사를 해야 할까, 즉 불량품 산출률이 높을까 낮을까 등등…. 또 납품 시기와 같은 보증이 다음 과제로 대두된다. 이런 「비가격경쟁력」이 결정적인 요인으로서 대두된다.

일본의 제조업은 엔화상승에 대응하기 위해 이 비가격경쟁력을 현저히 강화하는 노력을 기울여 어느 정도 성공했다. 이 덕분에 엔화상승에도 불구하고 일본의 수출은 계속 신장되었고, 일본의 무역수지 흑자는 조금도 감소하지 않았다.

이것은 다른 동아시아 국가들과는 대조적인 움직임이라고 해도 틀림없다. 동아시아 국가의 주요 수출품은 거의 예외 없이 소비재에 한정되어 있다. 그 중에서도 공업제품은 철저히 노동집약형상품이 중심을 차지하고 있다. 따라서 일본의 제조업과 같이 높은 기술수준도 확보되어 있지 않고, 특히 연구개발투자가 거의 이루어지고 있지 않은 상황 속에서, 이들 국가는 급변하는 기술혁신을 따라가는 것조차 곤란한 상황이 계속되고 있다. 때문에 점점 더 노동집약형 상품에 집착함으로로써 치열한 국제경쟁 속으로 말려드는 노선을 취하는 것 외에는 선택의 여지가 별로 없는 것이다.

생산거점의 일부를 이전

이러한 동아시아 각국에 대해 일본의 제조업은 생산거점의 일부를 이전함으로써 엔화상승으로 인한 경쟁력의 저하를 보충하려고 노력했다. 일본의 기업은 한국·대만은 예외로 하고, 동남아시아를 중심으로 하는 아시아 각 나라에 대해 엔화상승방어책으로서 생산공정의 일부를 적극적으로 이전해 「총비용 인하」를 달성하려고 노력했으며 이것에 성공했다.

그 결과 일본 제조업은 동아시아를 일본의 생산체계 가운데 일부로서 재편하게 되었다. 그러나 모처럼 공업화가 진전되어 각국에서도 상당한 규모의 소비시장이 출현해 성장했다고는 해도, 일본이 이들 각국의 국내시장을 대상으로 상품을 출하하기 위해 생산거점 전체를 「이전」한 것은 아니었다. 어디까지나 국제시장에 공급하기

위한 제품의 생산공정 일부를 분담하는「부문적」인 의미
였다. 일본의 제조업은 이들 각국으로의 생산거점 이전
에 대해 어디까지나 의식적으로 행동했다.

흔히들 엔화상승으로 일본 제조업이 일거에 공동화(空
洞化)할 수 있다는 위험을 지적하기도 하지만, 실제로
일본 제조업은 결코 공동화를 지향하고 있지 않다. 반대
로 동아시아의 저임금노동을 일본의 생산공정 시스템 속
으로 편입시키는 문제에 대해 나름대로 노력하거나 배려
하고 있다. 일본의 제조업이 전력을 기울여 그것에 집중
한 결과, 어느 정도 성공을 거둔 것이 1990년대 말의 현
상이다.

일본 기업에 한층 더 편입

따라서 이번 동아시아의 경제위기 폭발로 인해 각국
통화의 대외환율이 대폭 인하되고, 동시에 이들 각국의
임금수준도 국제수준에 비해 대폭 낮아졌다. 그러나 이
들 각국에 진출한 일본 기업이 전면적으로 조업을 정지
한 것은 아니었다. 오히려 그 나라 통화의 대외환율 인하
라는 호기를 누리는 방법, 특히 생산공정의 합리화에 도
움이 되는 방향으로 각국의 경제위기 상황을 판단하고 거
기에 대응하는 노선의 전환에 전력을 기울였던 것이다.

그 가운데 한 예로서 타이어 업계를 들어보자. 일본의 타이어 3사는 태국에 거대한 생산공장을 건설했다. 그러나 이 공장은 자동차용 타이어의 일관생산을 위한 것이 아니었다. 자동차용 타이어 생산공정 중 가장 노동집약적인 공정만을 담당하는 공장이었고, 자동차용 타이어가 원재료로부터 완성품에 달할 때까지 일관생산할 수 있는 설비는 그 공장에 전혀 없었다.

그리하여 태국의 경제위기로 바트화의 대외환율이 대폭 인하되고 태국의 임금수준이 국제수준에 비해 급속히 내려가는 조건 아래에서, 일본의 타이어 업계는 오히려 현지 생산부문을 완전 가동시켜 타이어 생산비용을 인하하는 방향으로 전력을 다해 대응하고 있다. 자동차 업계나 그 밖의 자동차 부품업계도 그렇다고 말할 수 있다. 그것만이 아니다. 태국에 진출한 일본 기업경영자들은 태국 진출에 따르는 투자의 대폭적인 환차손을 보충하는 과제에 직면해, 수익의 원천을 태국에서의 생산부문 합리화와 철저한 「리스트럭처링(restructuring)」을 통해 달성하기 위해 전력을 기울이고 있다.

이것이 태국 제조업의 급속한 쇠퇴나 붕괴를 의미하는 것은 아니다. 원래 일관체제의 일부만을 담당하고 있는 외국 기업의 제조업이 태국 국내에 건설되어 이에 따라고용과 임금소득이 급속히 증가했다고는 하지만, 그것이 태국 전체 제조업의 수준을 향상시키거나 태국 공업이 자립화하는 방향에 도움이 될 리도 없다. 즉 태국의 제조업은 그대로 다국적 일본 기업의 경영체제 속에 편입되고, 그 편입이 이번 경제위기의 폭발로 한층 더 가속화하고 있는 것이다.

한강의 기적이 소멸된 이유

1997년 초 한국 경제에는 잇달아 이변이 발생했다. 우선 한국경제의 중핵이라고 할 수 있는 30대 재벌 중 몇 군데가 연쇄적으로 도산하는 사태가 발생했다.

1월에는 중견 철강그룹인 한보가 채무 6조 원으로 도산했다. 이 도산사건은 경영자가 자산내용의 악화 사실을 은폐해 은행 경영자에게 거액의 수뢰를 제공하면서 자금을 조달한 사실이 폭로되어 형사사건으로 발전했다. 한보는 한국의 재벌 중 14위의 중견 그룹이었다. 이 대형도산의 발생은, 1996년 말 한국이 아시아에서는 일본에 이어 두번째로 선진국 클럽인 「OECD」에 가입한 직후였기 때문에 한국 경제계에 대단히 큰 충격을 주었다.

그 후 한국의 재벌이 연달아 도산위기에 쫓겼다. 급기야 8월 한국에서는 제2위의 자동차 제조그룹인 기아의 경영파탄으로 발전했다.

또 한국의 국제수지도 급속히 악화됐다. 적자액은 1995년 89억 달러, 1996년 237억 달러로 증가했고, 1997년 상반기에만 150억 달러에 달해 연간 300억 달러까지 예상되는 사태로 이어졌다. 한편 국제수지 적자를 메우기 위해 거액의 대외차관을 받아들인 결과, 그 총액이 1,200억 달러에 이르렀으며 한국의 민간은행 해외지점 차관을 더하면 1,800억 달러에 달했다.

이렇게 해서 한국의 경제위기는 전면적인 국제수지 위기로 발전했다. 드디어 11월 한국 정부는 IMF에 긴급지원을 제의해 12월 초, IMF 주도 아래 일본·미국·EU 제국이 참가한 가운데 총 576억 달러에 달하는 「국제긴급지원」을 받게 되었다. 이 액수는 1994년 멕시코 위기 때의 500억 달러를 상회하는 사상 최대 규모였다. 그러나 1997년 말에는, 연말까지 결제를 요하는 단기차입금이 150억 달러에 달해 외환보유고가 결제에 필요한 금액을 크게 하회했고, 드디어 「결제불능선언」이 불가피할지도 모른다는 소식까지 전해졌다. 급기야 IMF에서 약속한 지원금의 조기집행, 일본·미국의 긴급지원을 합쳐 100억 달러를 조달해 간신히 파국을 피할 수 있었다.

이렇듯 극심한 위기가 발생한 최대 이유는, 한국이 전

후 일관되게 계속 취해온 경제정책의 실패에 있다. 1960년대 초 군사혁명을 일으킨 박정희 장군이 거느린 청년장교들이 본격적인 경제성장의 기본전략을 수립했을 때 국민 1인당 GNP는 80달러밖에 되지 않았다. 일본의 식민지로서 36년 간, 그리고 3년 여에 걸친 「동란」으로 한국의 전국토는 완전히 황폐해졌다. 그 폐허 위에 경제를 발전시키려면 철저한 자원의 집중, 외국에서의 자금과 기술 도입이 필요했다. 한국에서는 그것이 이른바 「개발독재체제」라는 형태로 나타났다. 그 정책은 훌륭하게 성공해 한강의 기적을 낳았다. 그러나 그 유산이라고 말할 수 있는, 정부의 보호 밑에 성장한 재벌체제의 방치야말로 오늘날 위기의 원인이었다.

제5장

중국 경제의 영향

1 개혁·개방정책

중국경제 급성장의 원동력

성공한 기본정책

1980년대 초 중국의 정치 실권을 장악한 덩샤오핑은 개혁·개방정책을 중국의 기본적인 정책으로 도입해 철저히 추진했다.

이 시기는 냉전이 점차 동구의 열세와 서구의 우위로 확립되는 단계였다. 유럽에서는 미·소 관계가 점차 평화공존으로 이행되었다. 즉 냉전이 일시에 「뜨거운 전면전쟁」으로 비화하는 위험은 해소되어가는 과정에 있었다.

　1985년 소련공산당 최후의 서기장이 된 미하일 고르바초프(Mikhail Gorbachov)가 그 일을 맡았다. 고르바초프가 직면한 최대 문제는, 대단히 심각한 위기상태에 빠져 있는 소련 경제가 이대로 가다가는 언젠가 전면적인 붕괴에 직면할지도 모른다는 매우 심각한 현실이었다. 동시에 사회생활, 연구개발 등 모든 면에서 소련의 체제 자체가 경직되어 있어 소련 국민들 속에 뿌리 깊은 불만과 체제에 대한 반발이 존재하고 있었다. 고르바초프는 새삼스레 「개혁」에 전력을 기울이지 않으면 소련공산당 일당독재체제가 밑으로부터의 반발과 내부 비판으로 인해 붕괴 위험에 그대로 노출된다는 심각한 위기의식을 갖기 시작했다.

　사실 1985년 당시 소련 국민의 평균 수명은 정점이었던 1970년에 비해 남녀 공히 여섯 살이나 줄어들었다. 이것은 이미 소련 국민의 생활이 물질적·정신적으로 전면적인 붕괴에 가까운 상태에 노출되어 있었음을 단적으로 드러내는 통계였다.

평균 수명으로 보는 국력

　20세기의 전쟁은 제1, 2차 세계대전은 물론이고 냉전도 예외없이 국가총력전으로 전개되었다. 이러한 대규모

전쟁에 참가한 나라에서는 전쟁에 이기기 위한 정치목적 달성을 위해 정치도 경제도 사회도 개인생활까지도 철저히 희생되게 마련이다. 그 결과 전세가 불리해지면 그 나라의 국민생활은 파탄 나고, 그 파탄을 가리키는 가장 단적인 수치로 평균수명이 줄어든다.

이것은 제1, 2차 세계대전에서도 예외가 아니었다. 제2차 세계대전에서 진 일본을 예로 들면, 1945년 일본 국민의 평균수명은 전쟁 전인 1936년에 비해 대폭 단축되었다.

일본 남자의 평균 수명은 47.6세에서 단숨에 23.9세가 되었다. 여자의 경우에도 전전 겨우 50세를 넘은 평균수명이 전후 37.8세로 대폭 줄어들었다. 이것은 전후 일본 국민의 열악한 생활상을 보여주는 단적인 수치다.

패전국보다도 패전을 눈앞에 둔 나라에서는 국민의 생활수준이 급속히 낮아져, 결국 전세의 불리함이 국민 평균수명의 대폭적인 단축에도 반영된다. 1985년 소련공산당 서기장이 된 고르바초프가 직면했던 위기는 이러한 성격의 것이었다.

고르바초프는 「페레스트로이카, 글라스노스트」, 즉 중국공산당 최고실력자인 덩샤오핑의 개혁·개방정책과 거의 궤를 같이하는, 대담한 정보공개와 규제완화를 이끌어내는 새로운 정치 시스템을 도입하기 위해 전력을 기울였다. 그러나 결과적으로 그가 구상하던 정치 시스템은 실패로 끝나 1991년 12월 구소련은 해체·붕괴되었다. 유럽에서의 냉전이 완전히 종결된 것이다.

중국공산당의 위기감

이 시기를 같이해 중국공산당의 최고실력자가 된 덩샤오핑은, 중국공산당이 그 때까지 오랜 세월 지속해온 마오쩌둥(毛澤東) 사상으로부터 시급히 벗어나지 않으면 중국공산당의 내부 붕괴와 자신들의 일당독재체제가 해체·붕괴·소멸된다는 강한 위기감에 사로잡혔다. 그리하여 우선 개혁·개방정책을 전면적으로 도입하는 결단을 내렸다.

그것이 가장 단적으로 나타난 예가 인민공사의 해체다. 중국에서는 처음에 농촌에서의 개혁·개방이 본격적으로 실현되었으며, 이를 원동력으로 중국 경제에 강한 활력을 부활시키는 데 성공했다.

동시에 개혁·개방정책은 서구와 중국과의 관계개선에도 이어졌다. 1979년 중국은 베트남에 대해 대규모 군사행동을 전개했다. 이것은 베트남이 캄보디아를 침공해 캄보디아의 실권을 장악하고 있던 친중국파 폴 포트를 정권으로부터 추방한 사건에 대한 반발로 일어난 군사행동이었다. 이 사건이 중국의 국제적인 영향력, 특히 국제적 위신에 치명적인 상처를 입힌 것은 틀림없다. 아울러 국제사회에서 여전히 방심할 수 없는, 「침략국가」라는 오명을 안게 될지도 모르는 대단히 불리한 중국의 상황이 베트남에 대한 군사작전의 징벌로 발생했다고 해도 지나친 말이 아니다.

농촌의 개방이 높은 경제성장을 낳는다

이러한 국제사회에서의 고립을 피하고 중국 내에서 급속히 진행되어온 경제적인 침체, 특히 농촌 쪽에서의 사회 위기를 극복하기 위한 유일한 수단은 인민공사를 해체해 농민에게 자유로운 농업생산을 허용하는 것이었다. 거기에서 발생하는 새로운 활력을 중국 경제의 고도성장과 국제사회와의 관계개선에 결부시켜나가는, 대단히 전략적인 목적을 겨냥한 노선이 바로 이 개혁·개방 정책의 도입이었다.

이 정책에 힘입어 중국 경제는 놀라운 속도로 「고도성장」을 이룩한다. 1980년대 초와 오늘을 비교하면, 중국 GNP는 약 20배나 급증했다. 뿐만 아니라 국제경제계에서도 중국 경제의 급속한 성장에 대단히 큰 기대를 걸게 되었다.

개혁·개방정책이란, 중국공산당이 전통적으로 취해
온 계획경제체제의 부정을 뜻한다. 따라서 덩샤오핑은,
중국공산당이 서서히 일당독재체제를 포기하고 있다는
이미지를 국제사회에 심어주는 것에도 성공했다고 볼 수
있다.

환상에 사로잡힌 중국 진출 러시

이 시점에 외국 자본이 중국으로 물밀 듯이 진출했
다. 물론 일본도 예외가 아니다. 개혁·개방정책이 도
입되고 나서 1997년 초까지 중국에 진출한 일본 기업은
1만 5,000개를 넘는다. 물론 투자금액은 세계 1위를 차
지한다. 이렇듯 거액의 투자로 중국에 진출한 일본의 다
수 기업은 개혁·개방이 중국의 고도성장을 가져올 뿐만
아니라, 중국의 정치체제와 사회구조의 전면적인 근대
화·합리화를 틀림없이 실현시킬 수 있다는 일종의 환상
에 사로잡혀 있었다.

물론 이것은 단순한 환상이었다. 실상은 중국에 진출
한 일본 기업에게 매우 심각했다. 이미 앞에서 언급한
1만 5,000개가 넘는 중국진출 기업 중 간신히 채산을 맞
추거나 흑자조업을 유지한 것은 1% 전후의 극소수에 지

나지 않았다. 압도적 다수는 앞으로 나아갈 수도 물러설 수도 없는, 문자 그대로 진퇴양난의 상태로 방치되어 있었다. 결과적으로 그것이 현재 일본 자본의 중국 진출에 일종의 「찬물」을 끼얹는 결과를 야기하고 있다고 해도 좋다.

그러나 중국 경제의 고도성장이 개혁·개방정책 덕분에 실현됐다는 것은 누구도 인정하는 분명한 사실이다.

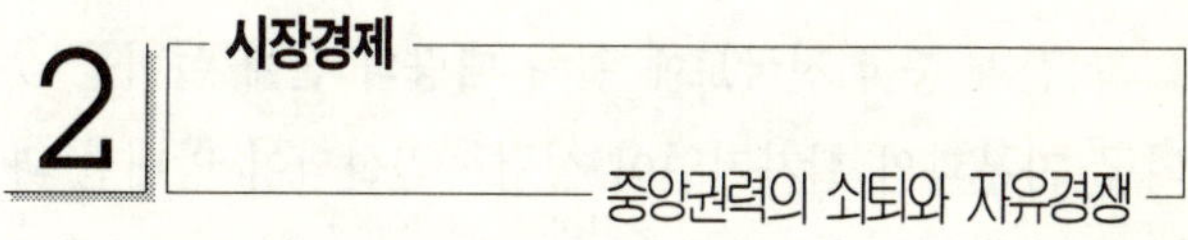

계획경제체제의 붕괴

중국에서 도입한 개혁·개방정책은 당중앙위원회를 중핵으로 하는 중앙정부 권력의 급속한 쇠퇴뿐만 아니라, 그 영향력마저 상실시키는 결과를 낳았다. 즉 개혁·개방이 전면적으로 진행되는 과정에서는, 당중앙위원회가 지도하고 확정해 그 권위를 기초로 집행해나가는 「중앙정부에 의한 계획경제체제」의 영향력이 급속히 엷어지게 되었다. 따라서 중앙정부의 통제력이 소멸됨으로써 사실상 완전한 시장경제체제가 중국 경제를 지배하게 되었다.

시장경제체제란 한마디로 자유경쟁이 지배하는 체제다. 따라서 각 지방의 실권과 행정권을 장악하고 있는 지방행정기관의 지도자들은 베이징(北京)에 앉아 경제계획을 수립하는 중앙정부 경제관료의 생각이나 지시를 완전히 무시했다. 이들은 자기 통치권이 미치는 범위 내에서 가장 유력한, 누가 보더라도 최첨단 기술을 가지고 있는 외국 기업과 외국 자본의 진출을 실현하기 위해 온 힘을 기울였다.

그 결과 중국 전국토에 걸쳐 대량의 신예 설비를 갖춘 외국 자본과의 합자기업이 설립·건설되어 방대한 과잉 생산능력이 축적되었다.

바꿔 말해 중국의 시장경제는 중앙정부의 통제가 완전히 미치지 않는, 사실상 완전한 무정부상태에서 출현한 것이다.

과잉생산능력 아래에서의 경쟁

그 결과 생기는 우선적인 문제는, 방대한 과잉생산능력의 출현을 들 수 있다. 컬러 텔레비전은 연산 3,200만 대 이상의 설비를 갖춘 조립공장이 현재 가동준비 중에 있으나 실제 생산실적은 1,000만 대가 고작이다. 냉장고

도 2,200만 대의 생산능력과 전세계 수요를 도맡아 조달
할 수 있을 만큼의 설비가 있지만, 실제 가동률은 단 몇
분의 1에 지나지 않는다. 이처럼 방대한 과잉생산능력을
보유하고 있는 기업은 국유기업에서부터 지금은 자유로
운 시장경제 활동에 가장 적합한 민간기업, 그리고 농촌
에서 발생해 그 곳에 시장을 가진 이른바 「마을기업」으
로 늘어가고 있다. 따라서 그들은 전력을 다해 살아남기
위한 노력을 기울여야 한다. 만약 시장에서의 판매경쟁
에서 실패할 경우 도산하여 시장에서 자연도태되는 운명
에 직면한다. 그래서 소름끼칠 정도의 「판매경쟁」이 발
생하는 것이다.

당연한 일이지만 무질서한 설비투자, 이것에 기초한
과잉생산, 그리고 과잉생산을 처리하기 위한 자유판매시
장에서의 치열한 경쟁이 기업 경영형태의 격차를 더 크
게 한다.

그 중 최대 피해자 또는 패배자는 당연히 계획경제체
제를 기초로 만들어진 「국유기업」이다. 또 가장 강력한
우승 후보자는 민간기업과 외국 자본이 결부된 마을기업
이라고 해도 틀림없다. 그 결과 중국의 국유기업은 심각
할 경영위기에 봉착했다.

1997년 11~12월까지 장쩌민 총서기가 베이징에서 주

최한 일련의 「공작회의」, 즉 계획경제를 담당하는 중앙 관료와 주요 국유기업 경영자 등이 참가해 경제정세를 검토하는 회의였다. 그 회의에서 심각한 경영위기가 발견된 것이다. 예를 들면 12월 8~12일까지 5일 간 베이징에서 개최된 「금융공작회의」에서는 중국의 금융 시스템이 바야흐로 붕괴직전의 상태에 놓여 있는 현실이 새삼스레 지적되었다.

방대한 불량채권

중국 경제의 실상을 구체적으로 살펴보자. 중국의 중앙은행인 인민은행을 근본으로 금융시장의 골격을 구성하고 있는 4대 은행에서는 총대출 5조 위안(중국 GDP의 1년 분에 해당한다) 중 3분의 1에 해당하는 1조 7,000억 위안이 완전한 불량상태에 있다고 한다. 따라서 원금상환은 약정대로 완전히 실행되지 않고 있을 뿐만 아니라, 이자 납입조차 6개월까지 연체되는 경우가 대다수라고 전해진다.

두번째 과제는 이러한 거액의 불량채권에 덧붙여 국유기업의 이른바 「외상판매채권」(중국에서는 삼각채라고 부른다)이 엄청난 금액(3조 위안)에 달하고 있다는 사실이다. 앞에서 거론한 불량채권과 합산하면, 중국 GDP의

1년 분에 해당하는 불량채권이 현재 중국 금융시장을 압박하는 요인으로 작용하고 있어 시급한 해결이 요청되고 있다. 다음으로 큰 문제는, 이러한 위기에 직면해 있는 금융시장에서 각 지방행정기관의 단체장이 4대 은행의 지방지점 간부에게 자기가 관할하고 있는 지역 내에서 수익성이 나쁘거나 도산에 직면한 국유기업에 대해 구제융자를 강요하고 있는 경우가 너무나도 많다는 사실이다.

4대 은행 가운데 하나인 공상은행(工商銀行)을 예로 들어보자. 공상은행은 5,000억 위안이 넘는 불량대출과 불량채권을 안고 있다. 그럼에도 불구하고 2,500개 지방지점의 대부분에서 성(省), 현(縣), 향(鄕), 진(鎭) 등 각 소재지의 지방행정기관을 담당하는 행정관들이 강력한 압력을 가해 그 지역에 신규대출을 요청하는 한편, 그 지역에서 경영 중인 국유기업에 구제융자 합의를 강요했다고 전해진다. 이를테면 베이징 본점의 지시나 승인을 얻지 않으면 안 된다고 항변하는 지방지점의 책임자에 대해, 때로는 무기를 사용하거나 신체적인 위협을 가하는 등 구제융자를 강요하는 경우가 적지 않다고 보도되었다.

금융기관의 방만한 경영

세번째 과제는 금융기관의 방만한 경영이다. 공상은행을 예로 들어보자. 현재 이 은행은 40만 명의 직원과 2,500개에 달하는 지점을 두고 있다. 그러나 종업원 10만 명, 전국 지점 1,000곳 수준으로 감축 또는 폐쇄하는 등 철저한 리스트럭처링을 실시하지 않으면, 공상은행의 경영이 불가능하다는 사실도 지적되었다.

이 사실은 일본에 거의 보도되지 않았지만, 외국의 경제전문지에서는 되풀이해 지적했다. 외신에서는 각 경제계나 일반 독자에게 정보를 공시하는 형태로써 중국 경제가 지금 맞고 있는 위기상황을 상세히 보도하고 있다.

중국은 중앙권력의 통제력이 소멸하고 시장경제 원칙과 자유경쟁 이름 아래, 경제질서의 혼란과 붕괴가 본격화하려는 시점에 서 있는 것이다.

3 중국 상품의 경쟁력

인민위안화의 평가절하로 일시에 경쟁력 강화

대미 고정환율제 확립

1994년 중국은 인민위안화의 대외 환율을 사실상 30%

인하했다. 이것은 그 직전에 행해진 중국의 화폐제도를 통합할 때 취해진 조치다. 화폐제도의 통합이란 그 때까지의 「태환권」, 즉 미국 달러와 일본 엔 등 교환 가능한 외화를 가져온 경우 그 담보로 발행되었던 인민위안화(지폐)를 폐지해 인민위안화와의 차이를 소멸시킨 것으로, 말하자면 이중통화제도를 단일화한 것이다.

결과적으로 이 인민위안화의 대외 환율 평가절하로 인해 현재 1달러에 8.2위안화라는 고정환율제가 확립됐다. 동시에 1997년 7월 주권이 반환된 홍콩에서는 홍콩달러를 1983년 대미 달러 환율로 고정시켜, 이후 1달러에 7.75 홍콩달러를 적용한 결과 홍콩 경제에 큰 이익을 가져왔다.

물론 인민위안화는 자유롭게 외화로 교환할 수 없는 「지방통화」의 일종에 지나지 않는다. 그러나 주권을 쟁취한 홍콩달러는 홍콩통화감독청(HKMA)의 감독 아래 미국달러와 완전한 연결 시스템을 취하고 있는 통화이며, 언제나 그 고정환율로 미국달러와 교환 가능한 국제통화의 일종이다.

따라서 홍콩의 주권을 획득한 중국은 홍콩달러라는 교환 가능한 통화를 보유하는 데 성공했다고 말할 수 있다. 주권반환 후의 홍콩에서는, 홍콩달러의 고정환율제에 대한 국제 투기자들의 공격이 몇 차례 되풀이되었으나, 홍콩특별행정구는 지금까지 고정환율제의 방어에 성공하고 있다. 그러나 그 배경을 살펴보면, 홍콩 이익을 존중한다는 중국 정부의 자세와는 완전히 정반대임을 알 수 있다.

중국을 위해 이용되는 홍콩

주권반환 후의 홍콩에 대해 중국 정부는 「1국 2체제」의 이름 아래 고도의 자치권을 홍콩특별행정구에 공여할 뿐만 아니라, 홍콩 달러에 대해서도 인민위안화와의 통합 등의 조치는 절대 없다는 자세를 견지하고 있다.

따라서 홍콩은 1국 2체제의 원칙 아래, 영국 지배 시기와 완전히 동일한 국제경제체제에 편입되어 있다. 홍콩 금융시장이 그대로 국제금융시장의 일부를 구성하는 관계는 오늘날에도 절대로 변하지 않고 있다. 그러나 중국이 주권반환 뒤 국제금융시장, 국제경제체제에 편입된 홍콩의 지위를 중국의 이익을 위해 이용하려는 의도를 굳건히 견지하고 있는 것은 의심할 여지가 없다. 예를 들면 홍콩 증권시장에 중국 국유기업의 주식이 연달아 상장되고 있다. 이것은 이른바 「레드칩(red chip)」이라는 명칭으로 홍콩 주가지수인 항셍(恒生)지수 속에서도 이미 20%를 초과해 높은 주가를 유지하고 있다.

홍콩 증권시장에 중국 국유기업의 주식을 상장한다는 것은 중국으로서는 가장 신속한 외자도입을 의미한다. 즉 홍콩 증권시장에 상장된다는 것은 증권투자 형식으로 중국 국유기업에 국제금융시장의 자금이 대거 유입된다는 것이다. 그렇지만 중국에 대한 외국 자본 유입은 1994년을 정점으로 점차 낮아져 1997년에는 거의 전년대비 20% 이상 감소했다. 그러므로 이러한 외자 유입의 정체를 보충하는 가장 적절한 방안으로서 홍콩 주식시장의 상장을 고려하고 있는 것은 새삼스레 지적할 필요도 없다.

홍콩달러의 투매 공세

홍콩달러가 대미 고정환율제를 유지하는 것은, 홍콩이 홍콩달러를 국제금융시장에서 가장 안정되고 유동성이 높은 금융자산 시스템을 보증한다는 의미다. 따라서 중국 정부는 홍콩을 중국 국유기업의 합리화와 중국이 가장 필요로 하는 국제금융시장에서의 자금유입 통로로서 철저히 활용하는 시스템을 최후까지 견지하기 위한 필사의 노력을 기울일 것이다.

그러나 동아시아에서 발생한 경제위기는 예외 없이 통

화위기로 발전했다.

그것은 홍콩에도 영향을 주지 않을 수 없다. 지금 아시아에서 완전한 변동환율제를 취하지 않고 미국달러에 대해 사실상 고정환율제를 계속 취하고 있는 통화는 인민위안화와 홍콩달러뿐이다.

따라서 홍콩달러의 변동환율제로의 이행을 겨냥한 극심한 투매가 1997년 7월, 9월, 10월 세 번이나 되풀이되었다. 홍콩특별행정구는 우선 그 투매 공세에서 벗어나는 데 일단 성공했다.

아세안정상회의 등에 출석한 중국 정부 지도부도 필사적이다. 12월 아세안정상회의에서 장쩌민 총서기는 『인민위안화의 절하는 있을 수 없다』는 주장을 되풀이함으로써 중국에 대한 이들 각국의 의심을 해소시키기 위해 노력했다.

고금리로 홍콩달러를 지킨다

둥젠화(董建華) 홍콩특별행정구 장관은 똑같이 홍콩달러에 대해서도 『변동환율제로의 이행은 고려하지 않고 있다』고 되풀이해 주장하고 있다. 이것은 어디까지나 중국 본토의 경제적인 이익을 고려한 결단이다. 그 결과 홍콩에서는 상상을 초월하는 「고금리정책」이 홍콩달러

방어의 주요 수단으로 등장했다. 10월 23일 홍콩특별행정구 재무장관은 홍콩달러에 대한 10월의 투매 공세에 대항해 홍콩달러의 금융긴축책을 펴기 위해 익일 물건의 은행 간 대차율을 일시에 연 300%, 1개월물에 관해서는 50%라는 살인적인 고율을 적용했다.

그 결과 홍콩 주식시장은 붕괴되어 10월 23일에는 항셍지수가 피크였던 1만 6,600포인트(8월 7일 기록)로부터 일시에 9,000포인트가 빠져 거의 반값에 가까운 수준으로 폭락했다. 마찬가지로 홍콩의 부동산 시장도 10~11월 2개월 동안 평균 30% 정도 하락해 주식시장과의 동반 대폭락을 맞았다. 그 결과 홍콩의 경제계는 중대한 혼란에 직면하게 되었다.

홍콩달러의 방어를 위해 이처럼 강도 높은 금융긴축책을 실시할 수밖에 없는 사정은, 거꾸로 말해 홍콩달러의 고정환율제를 유지해야만 하는 중국 본토의 노선을 부정할 경우 홍콩의 경제활동이 근본적인 타격을 입는다는 것이다. 즉 홍콩의 경제 번영은 중국 본토의 이익을 위한 희생양이었다는 것이다.

4

홍콩을 창구로 한 자유경제의 중국 유입

고정환율제는 유지할 수 없다

홍콩달러의 대미 달러 고정환율제는 장래성이 없다. 이미 거론했듯이 홍콩특별행정구에 속하는 홍콩통화청은 홍콩달러의 대미 고정환율제를 유지하기 위해 극단적인 고금리를 도입하는 선택을 되풀이하고 있다.

원래 1983년 도입된 현행 고정환율제는 분명히 두 가지 요인을 무시한, 인위적이고 정치적인 것이라고 말할 수 있다. 첫째, 홍콩에서는 물가가 계속 상승해 홍콩달러의 실질적인 가치가 감소하고 있다는 점이다. 둘째, 미국에서는 인플레이션 없는 성장이 장기화하여 미국달러의 실질적 가치, 즉 인플레이션에 따른 미국달러의 감가는 대폭 축소되고 있다는 사실이다.

즉 현행 고정환율제는 물가수준으로 볼 때 홍콩과 미국의 환율 차이를 훨씬 뛰어넘는 수준으로 홍콩달러를 고평가하는 결과를 가져왔다는 얘기다.

그것은 일찍이 싼 물가와 자유로운 상거래 덕분에 일본 등의 많은 관광객들이 「쇼핑 천국」 홍콩으로 여행하던 현상이 완전히 사라졌다는 사실로써 증명된다.

관광 · 쇼핑 인구 격감

주권반환이 끝난 1997년 후반, 홍콩을 찾는 관광객만 대폭 감소한 것이 아니었다. 일본인 관광객은 일시에 40%까지 감소했고, 한국인 관광객도 30% 정도 줄어들어 홍콩은 관광지로서의 역할과 기능을 완전히 상실하고 말았다.

그 최대 요인은 고평가된 홍콩달러 때문에 비싸진 홍콩 물가수준 때문이다. 홍콩의 물가는 다른 나라에 비해 턱없이 비싸다. 이는 관광목적, 특히 쇼핑을 위해 관광 여행에 나선 전세계 관광객에게 홍콩이 대단히 부적당한 지역으로 전락했다는 뜻이다.

한편 인플레이션도 급속히 진행되었다. 특히 주권반환 전에 비해 거품이 발생했고, 홍콩 부동산 시장은 일시에 세 배 이상 상승했다. 이러한 현상은 슈퍼마켓, 백화점, 기타 일반상점의 임대료 폭등을 부추겼고, 이로 인해 홍콩의 유통 비용은 국제수준을 단숨에 상회하게 되었다. 그것은 오로지 홍콩달러를 다른 나라에 비해 높은 수준에 맞추어 인위적으로 방치한 결과다.

유통비용의 상승

다음 요인으로 들 수 있는 것은 유통비용의 상승이

다. 홍콩은 지역이 좁고 수심이 깊어 화물 취급이 용이한 대형 항만을 갖추고 있다. 따라서 대량 화물이 자유롭게 이동하는 국제적인 중계항으로 유명하며, 국제무역 또는 국제유통시장에서 높은 지위가 보증되어왔다.

홍콩은 해상 컨테이너 기지로서 세계 2위의 지위를 오랜 세월 유지해왔다. 그 최대 이유는, 홍콩이 중국 대륙과 세계시장을 맺어주는 문호 역할을 해왔기 때문이다. 동시에 컨테이너 부두의 기능과 비용이 저렴하다는 매력이 홍콩의 지위를 한층 더 안정시키는 강력한 요인이 되었다.

그러나 홍콩달러의 고평가는 이 수송비용과 컨테이너의 취급비용을 대폭 상승시켰다. 더욱이 중국 대륙에서 홍콩보다 취급비용이 훨씬 저렴한 컨테이너 취급기지를 잇달아 건설한 때문에 홍콩에서의 컨테이너 취급량이 급감하고 있다.

홍콩은 개혁·개방정책을 추진해온 중국 대륙, 특히 인접 지역인 광둥(廣東)으로 제조업을 급속히 이전시켰다. 1980~95년까지 홍콩 제조업 가운데 무려 85% 정도가 홍콩에서 광둥으로 생산거점을 이전시켰다. 홍콩에 남아 있는 것은 본사기능과 판매기능, 재무, 기타 상품기획기능뿐이다. 실제 생산공정을 관리하고 유지하고,

완성된 상품을 포장한 후 홍콩을 경유해 국제시장에 제
공하는 구체적인 경영활동의 대부분은 광둥 이전으로 끝
났다고 보아도 틀림없다.

혼다의 중국 진출 배경

그러나 앞에서 애기했듯이 광둥에서는 엄청난 과잉설
비로 인해 대단한 위기를 맞고 있다.

1997년 11월 일본을 방문한 리펑(李鵬) 총리는 일본
의 유력 자동차 메이커인 혼다기계공업 본사를 방문해
무네쿠니(宗國) 회장과의 각서에 조인했다.

이 각서에는, 8년 전 광둥에 진출해 중국 기업과 승용
차 합자생산을 위해 공장을 건설한 프랑스 유력 자동차
메이커 푸조(Peugeot)가 적자를 이유로 이 합자기업에서
자본을 철수시키겠다는 의사를 표명했기 때문에 그 다음
차례로 혼다기계공업이 진출한다는 내용이 담겨 있었다.

푸조는 광둥에 연간 5만 대 생산능력을 갖춘 승용차
조립라인을 건설했다. 그러나 본격적인 조업에 들어간
지 5년이 경과하면서 수지가 맞지 않게 되었고, 1996년
의 생산대수는 1,700대에 그쳐 생산능력의 약 34분의 1
수준에 불과했다. 1997년 현재 이 합자기업은 승용차 생
산 라인을 정지시켜놓고 있다. 푸조의 프랑스 본사도 이

러한 사태를 중시해 장래의 전망을 단념하고 전면적인
자본철수 결단을 중국측에 강하게 제의했다. 중국측은
푸조를 대신해 이 합자기업을 운영할 외국 자본으로 먼
저 한국의 기아자동차와 미국의 제너럴 모터스(GM)에
의사를 타진했으나 상담이 성립되지 않았다. 마지막으로
혼다기계공업에 이 합자기업의 운영을 전면적으로 맡아
달라는 제의를 하여, 드디어 리펑 총리의 방일 중 최대
선물로서 각서의 조인이 이루어진 것이다.

홍콩과 광둥의 경계선

앞에서 거론한 광둥의 경제위기는 중국과 프랑스 합자
자동차공장의 조업정지라고 하는, 대단히 극적인 형태를
동반하고 있다. 동시에 중국 경제와 세계시장을 연결하
는 창구로서 홍콩의 기능이 대폭 축소되어 있는 현실을
단적으로 표현한다고 볼 수 있다.

베이징정부의 솔직한 시각으로 볼 때, 광둥은 중앙 통
제에 복종하지 않고 전력을 기울여 자기 성의 경제성장
만을 실현하려는 일종의 「지방군벌」 지배체제에 속해 있
는 지역으로 여겨지고 있다. 예를 들면 광둥과 중국 영
토로 반환된 홍콩과의 경계선은 중국인이면 누구나 아무
런 제약 없이 왕복할 수 있는, 단순히 지리적인 경계선

으로 생각하는 사람들이 압도적으로 많다. 그러나 현실은 주권반환 이전에 비해 훨씬 엄중한 경비체제가 강구되어 있다.

중국과 영국 경계를 대신해 바뀐 홍콩와 광둥의 이 경계선을 경비하는 부대는 화베이(華北), 특히 산시성(山西省) 출신으로 이루어진 해방군의 최정예부대다. 산시성 주민이 말하는 산시변(山西弁), 산시어라고 하는 방언은 베이징 거주자조차 완전히 이해할 수 없을 정도로 발음이나 표현에 큰 차이가 있다. 따라서 베이징어가 통하지 않는 광둥에서는 주변의 주민과는 물론 대화나 일체 의사소통이 불가능하다고 말할 정도로 심각한 고립상태에 놓여 있는 것이 이들 성 경계 경비부대라고 할 수 있다.

경제적 번영의 기반 상실

성 경계를 경비하는 홍콩측부대에서는 그 전의 영국군 기지를 이용해 주둔하고 있으며, 광둥측에서는 각 광둥군구의 부대가 주둔하던 막사를 그대로 전용해 경비를 강화하고 있다. 그 결과 홍콩과 광둥 사이의 사람·물건·자금·정보 등의 교류는 현저히 제약을 받게 되었다.

이것은 광둥에게는 머리를 뗀 몸체로, 홍콩에게는 몸

체를 잃은 머리 같은 형태여서 양자 모두 앞으로의 경제
성장과 발전이 어려울 것으로 판단된다.

그렇게 되면 홍콩은 주권반환 후 경제적인 번영의 기
반을 급속히 잃을 수밖에 없다. 홍콩의 경제적인 쇠퇴는
그 동안 인위적·정치적인 목적으로 계속 높은 수준을
유지해온 홍콩달러의 대미 고정환율제를 붕괴시키는 강
력한 요인으로 작용할 것이다. 이로 인해 1998~99년에
걸쳐 폭발적인 위기가 초래될 것이다.

중국에 발생한 거대 거품

중국 전국토에는 외국 자본의 활발한 투자활동에 따라
거대한 거품이 발생했다. 예를 들면 상하이의 경제특구
로서 세계적으로 유명한 푸둥(浦東)을 중심으로 많은 빌
딩이 건설 중에 있다.

1996년 착공한 부동산개발사업은 6,005만 m^2에 달했
다. 그 동안 완성된 것이 1,200만 m^2에 달하지만 분양된
것은 575만 m^2에 불과하고, 나머지 625만 m^2는 빈집 그
대로다. 완성된 건물 중 반 이상이 비어 있는 것이다.

국가계획위원회는 1997년 7월 28일, 컬러 텔레비전과
브라운관의 생산능력은 2000년까지 국내 수요를 채워 여
유가 있기 때문에 전혀 신설을 인정하지 않기로 결정했

다고 발표했다. 컬러 텔레비전 생산능력은 3,300만 대에 달해 2000년 국내 수요 예측치인 800만 대를 상회할 것으로 보이며, 브라운관은 2,100만 개 생산능력을 갖추고 있고 1996년 생산실적은 1,860만 개였다. 따라서 국가계획위원회는 이 분야에서의 설비능력 신설은 전혀 불필요한 것으로 결론짓고 있다.

거품에 춤추는 여배우들

중국에서는 지금 거품의 발생과 그 파장에 따라 많은 문제점이 속출하고 있다. 몇몇 예를 들어보자.

우선 중국의 유명 여배우가 거품으로 인해 손해를 크게 본 예가 있다. 중국에서 가장 유명한 여배우라면, 〈부용진(芙蓉鎭)〉에서 주연을 맡은 여배우 유효경(劉曉慶)을 들 수 있다. 그녀는 중국에서도 최고로 평가해주는 유명 여배우인데, 거품 발생과 동시에 부동산업에 적극적으로 참여했다. 그녀는 산둥(山東)에서 유명한 풍광명미(風光明媚)의 땅, 옌타이(煙臺) 개발사업에 참여하려고 했다. 용경(容景)이라는 인물이 그녀의 이런 움직임을 이용했다. 그녀를 명예사장으로 추대해 그녀의 이름으로 「달륭공사(達隆公司)」라는 부동산회사를 설립해 5억 위안의 거금을 투입하게 했으며, 중국 지방은행 네

군데로부터 거액의 융자까지 얻었다.

또 현지 고급 호텔에서 사업설명회를 개최해 수많은 인사들을 초청한 후 산해진미를 제공하면서 제비뽑기를 통해 고가의 금제 목걸이 장식을 경품으로 내놓는 등 자못 번성하고 있는 부동산 개발업자라는 인상을 주었다. 그러나 현실은 그렇지 못했다. 사업은 전혀 진척이 없었고, 결국 사장을 맡은 용경은 사기 혐의로 경찰에 체포되었다. 명예사장인 여배우 유효경도 투자액을 전부 손해보았으며, 융자해준 은행조차 1,000만 위안은 회수할 수도 없었다. 같은 여배우 친구로 홍콩에서 활동 중인 상하이 출신 니나 리도 1,000만 달러를 옌타이의 부동산 개발사업에 투자했으나 완전히 실패했다고 전해진다.

광둥 경제특구 주하이(珠海)의 국제공항건설도 문제다. 연간 1,250만 명의 이용객을 처리한다는 계획 아래 리펑 총리의 지시로 착공되어 40억 위안의 건설비를 투입해 3년 전에 완성되었지만, 새로운 노선의 확장은 전혀 없었다. 당초 계획했던 국제노선은 한 건도 실현되지 않았으며, 국내 주요 도시 29군데에 하루 40편만이 운항되고 있을 뿐이다. 광대한 시설의 대부분이 이용되지 않은 채 사실상 폐쇄되어 있다. 넓은 로비도 가족들의 놀이터로 변했다. 게다가 광둥의 성도, 광저우(廣州)의 국

제공항인 백운(白雲)공항이 좁다는 이유로 가까이에 「신
백운공항」 건설을 계획해 중앙정부의 승인이 끝나 곧 착
공 예정이라고 한다. 벌써 신공항과 광저우를 잇는 고속
도로 건설공사가 시작되었다고 한다. 이용률 등을 면밀
히 검토하지 않은 채 대규모 공사가 진행되고 있어 여기
에서도 새로운 거품 발생에 대한 우려가 커지고 있다.

제6장

아시아 붕괴의 시초

1 위기의 전조
국제수지의 적자 전락

대미 고정환율제의 위기

제4장에서도 지적했듯이 동아시아의 국제수지 구조는 기본적으로 「수입초과」를 공통적인 특징으로 한다. 모든 나라에서는 무역수지 적자가 지속되어 생긴 국제수지 결함을 국제 금융시장에서 받아들인 거액의 자금유입으로 간신히 조정해 각국 통화의 대미 고정환율제를 유지할 수 있었다. 그런데 이러한 구조가 1996년 들어 점차 붕괴의 위험에 완전히 노출되었다.

그것은 특히 아세안 각국에서 심했다. 인도네시아를

제외한 모든 국가에서 무역적자가 급증하기 시작했다. 무역적자가 급증하면, 한층 더 거액의 단기자금을 국제 금융시장으로부터 도입하지 않으면 국제수지의 균형을 유지할 수 없게 된다. 그러한 국제수지 균형이 붕괴되면, 그 나라가 보유하고 있는 외화가 일시에 급감한다. 또 그 나라 통화의 투매를 유발하게 되며, 결국 일정한 한도에 달했을 때는 그 나라의 대미 달러 고정환율 시스템 자체가 전면적으로 붕괴되어 변동환율제로 이행할 수밖에 없는 상황이 생기는 것이다.

대미 수출경쟁력 저하

1996년경부터 무역수지 적자가 점차 증대된 또 다른 이유는, 중국 상품의 급속한 경쟁력 제고를 들 수 있다. 동시에 세계최대 소비시장인 미국으로의 중국 상품 수출이 급증해 각국의 대미 수출경쟁력이 대폭 낮아진 데 그 배경이 있다.

특히 인도네시아를 제외한 아세안 각국의 국제수지는 대일 적자, 대미 흑자 구조로 되어 있다. 그러나 대미 흑자가 줄어들고 대일 적자만 여전히 높은 수준을 유지함으로써 국제수지와 무역수지 전체의 적자를 가져오는 최대 요인이 되었다.

그 후 대일 적자가 거의 보합세를 유지하는 이유 가운데 하나는, 일본 기업이 각국에 진출해 생산설비를 건설하는 데 따라 생기는 일본제 기계 수입이 급증한 사실에서도 나타나고 있다. 일본 기업이 동남아시아의 어떤 나라에 진출한 경우, 생산설비의 중핵이 되는 기계는 당연히 일본제를 갖고 들어갈 수밖에 없다. 각국에는 그러한 첨단 생산설비를 공급할 수 있는 기업이 없기 때문이다. 더욱이 그 나라에 진출한 일본 기업은 자신의 생산체계 일환으로 고도 기술이 담긴 최첨단 일본제 생산기계를 현지에 설치함으로써 「생산공정의 일부 현지이전」이라는 경영전략을 실행할 수 있기 때문이다.

따라서 일본 기업의 현지 진출은, 해당 국가 처지에서는 곧바로 기계수입 증가를 가져오고 동시에 생산이 시작되면 중요 부품을 일본으로부터 대량 수입하지 않으면 안 된다. 그 부품을 가공하고 최종 조립해 미국으로 다시 수출하는 공정 간 시간의 불일치, 즉 생산공정과 최종제품을 가공하기까지의 시간 격차가 다시 대일 적자의 급증을 가져오는 결정적인 요인으로 부각되어왔다.

성장에 한계가 있는 한국의 반도체

특히 한국에서는 엔화상승이 멈추고 거꾸로 엔화가 하

락을 시작했기 때문에 한국 상품의 국제경쟁력이 일시에 붕괴·소멸되는 심각한 상황이 생겼다.

예를 들면 1995년 당시 한국은 엔화상승으로 조선·반도체 등 전통적으로 일본의 독무대였다고 할 수 있는 첨단기술 제품분야에서 수출경쟁력을 강화할 수 있었다. 그 결과 한국의 반도체 산업은 일본·미국과 더불어 세계 반도체 시장을 거의 3분하는 등 확고한 지위를 일시에 확립했다.

그 주역이 된 반도체의 대량판매, 특히 고가 판매에 힘입어 삼성반도체전자의 수익은 폭발적으로 신장했다. 1995년 수익은 한국의 전체 상장기업이 거둔 수익 가운데 약 3분의 1을 차지했다. 삼성전자는 일시에 세계적인 반도체 메이커 지위를 확보했다. 뿐만 아니라 삼성의 기록적인 고수익은 다른 재벌을 자극해, 반도체 부문으로의 진출이 늦었던 재벌들을 일제히 반도체시장에 참여시켜 대규모 설비투자를 시작하게 했다.

그러나 세계 유수의 반도체 메이커로 성장했다고는 해도, 한국의 반도체 공업은 결코 생산기계를 자급할 수 있는 체제는 아니었다. 한국 내에서 반도체 생산에 가장 중요한 원료인 실리콘 웨이퍼의 국내 자급체제가 이루어지지 않고 있었기 때문이다.

그와 같은 조건에서 반도체 부문에 신규참여를 꾀하는 재벌이 등장했다. 그들은 대규모 반도체 공장 건설에 일제히 뛰어들었고, 당연히 일본산 반도체 제조기계의 대량수입으로 이어졌다. 더욱이 공장건물이 완성되어 기계 설비가 설치되고 시운전이 끝나 본격적인 생산에 들어가면, 금세 실리콘 웨이퍼나 기타 부자재를 일본에서 대량으로 수입하지 않으면 안 되었다. 이 또한 반도체부문에서 대일 적자가 급증하게 된 원인이다.

1996년 세계적으로 반도체 공급과잉 현상이 생겼다. 이로 인해 삼성전자 등은 이익이 3%로 감소하는 대타격을 입었다.

1997년에도 반도체 전체 시장은 회복되지 않았다. 신규로 참여한 다른 재벌 반도체 기업이 드디어 본격적인 생산을 시작하는 단계에 접어들자 점점 더 반도체 공급과잉이 진행됐다. 한국의 반도체 업계는 대폭적인 이익 감소 및 적자 사태에 직면해 신음하기 시작했다.

30대 한국 재벌기업 중 7개 그룹이 파탄

이러한 상황이 점차 누적되어 한국에서는 1997년 들어서면서 재벌기업의 경영파탄이 잇따른다. 30대 재벌기업 중 지금까지 경영난이 심화되면서 실질적으로 청산 또는 파산 절차에 들어간 곳은 7개 그룹을 헤아린다. 또 중견 재벌그룹 중 경영파탄이 잇따를 것으로 예상되는 곳도 적지 않다. 이것은 또한 한국 주식시장에 대혼란을 가져오는 요인으로 작용해 본격적인 경제위기 조짐이 현저하게 나타났다.

아세안 각국을 중심으로 하는 동남아시아에서도 같은 현상이 나타났다. 각국에서 국제수지가 악화되었고 국제금융시장에서의 단기자금 투입과 관련해 일부 국제금융기관 중에는 각국이 유지해온 대미 달러 고정환율제의 붕괴에 대한 우려를 표명했다. 그 위험을 재빨리 감지한 우량 국제금융기관은 그 때까지 빌려준 단기자금 일제히 회수하려 들었고, 이러한 움직임은 1997년에 본격화되었다. 그것이 전면적인 아시아 경제위기의 계기가 된 것이다.

2 통화위기의 폭발
미국과의 인플레이션율 격차

태국을 시발로 동아시아 전역에 파급

이렇게 해서 동아시아 전역에 걸쳐 경제위기가 폭발했다. 우선 1997년 7월 2일, 태국은 자국통화 바트의 대미

달러 고정환율제를 포기하고 변동환율제로 이행한다고
결정했다. 태국의 이 조치가 이번 아시아 경제위기의 발
단이라는 데 이의를 달 사람은 없을 것이다.

태국의 이 결정은 순식간에 이웃나라인 말레이시아·
싱가포르·인도네시아·필리핀과 동남아시아 전역으로
확산해나갔다. 태국과 같이 국제수지가 불균형하거나 불
안정한 요인이 다수 존재하는 나라에서는 이러한 현상이
발생하게 마련이다. 즉 대미 달러 고정환율제를 고집하
면, 반대로 국제금융시장에서 유입된 단기자금의 대량유
출 사태에 반드시 직면하게 된다는 얘기다.

특히 태국의 경우 1993년 도입한 이른바 역외금융시장
에서 잇달아 설립된, 일본식으로 말하면 「금융회사
(nonbank)」가 거액의 단기자금을 국제금융시장에서 조
달해 태국 국내 부동산·주식 등의 투기에 유용했다.

결단이 늦은 태국 정부

그런데 태국 정부도 1997년 초까지 약 10여 년에 걸쳐
이룩한 급속한 경제성장을 자국이 이룩한 경제정책 성공
의 산물로 오인해 시급한 경제정책의 수정을 망설이고
있었다.

동시에 태국 경제의 성장과 더불어 도시 중산층도 급

속히 성장했다. 그들이 오랜 세월 태국의 정치를 움직여
온 군부독재체제에 대항해 정치민주화를 요구하는 세력
의 중핵이 되어, 각각 정권을 지탱하는 역할을 하고 있
었던 것도 그러한 성장의 요인으로 들 수 있다. 따라서 이
들 중산층에 기반을 둔 태국의 정권담당자들은 일시에 경
제정책의 기본노선을 전환해 경제위기를 폭발시켜 이들 중
산층에 큰 타격을 주는 노선을 선택하지 않기 위해 노력했
던 것이다.

태국에서는 경제위기가 진행되고 있었음에도 불구하고
대응책을 강구하는 움직임이 눈에 띄게 늦어졌다. 그 결
과 1996년 말 400억 달러였던 외환보유고가 반 년 만에
90억 달러로 줄어드는 대혼란이 생겼다.

원래 이러한 경제위기는, 경제력이 약하고 일관된 생
산체제를 확립하지 않은 제조업 위주의 중진국에게는 즉
시 대량의 자금유출을 유발하게 마련이다. 태국에서는
특별히 국제금융자본만이 단기자금을 유출한 것이 아니
었다. 또 다른 외화유출 주역은 태국 경제활동을 지탱하
는 기업의 경영자와 소유자들이었다.

재산도피하는 사람들

태국에서는 농촌의 대지주가 도시에 진출해 기업의 소

유자 또는 투자가로 성장한 경우가 많다. 이들 중 거의 대부분이 농촌의 대지주 출신이다. 그들에게 가장 중요한 일은 자신의 재산가치를 그대로 보전시켜 경제위기의 타격을 일절 받지 않도록 전력을 기울여 노력하는 것이다. 일단 자국 경제에 심각한 위기가 발생할 우려가 있다면, 그들은 재산의 안전을 확보하기 위해 모든 자산을 「환금」해 그 바트를 환시장에서 팔아 일제히 미국으로 도피시키는 일을 주저없이 실행한다. 이런 상황은 말레이시아·필리핀에도 해당된다. 이들 지역에서의 기업경영자는 대지주이며 국내 으뜸 가는 자산가 집단이다. 그들의 최대 과제는, 어떤 위기가 도래하더라도 오랜 세월 고생하며 모아놓은 자기 자산을 안전하게 확보하는 한 가지 일에만 집중하고 있다고 해도 틀림없다.

어떤 의미로 보면, 동남아시아 기업경영자들은 일종의 「무국적자」 집단이라고 해도 지나친 말은 아니다. 그들은 자기 자산의 안전을 확보하기 위해 정부가 내놓은 그 어떤 정책일지라도 무시하고 탈법을 저지른다. 그리고 대규모 자산을 해외로 빼돌리는 결단을 가능한 한 즉시, 대담하게 실행하는 것이다.

투기화
자산방어로서의 자국통화 판매

경제위기로부터 환율의 평가절하

이미 거론했듯이 동아시아 전역에 걸쳐 대미 달러 고정환율제를 유지하지 않으면 국제금융시장으로부터 거액의 자금유입이 불가능했던 많은 나라의 경우처럼, 일단 경제위기가 닥치면 그 순간 각국의 통화는 일제히 투매된다. 그 결과 「변동환율제」로 이행한 경우, 각국은 대폭적인 환율의 평가절하 진행을 피하기 어려운 체질을 갖고 있다.

더구나 이러한 통화투기를 국제금융자본만이 실행하는 것은 아니다. 오히려 반대로 국내 자산가·기업경영자·대지주가 일제히 같은 행동을 전개하고, 그 결과 통화투기 규모에 가속도가 붙어 확대되는 것을 피할 수 없다.

투기가 극성을 부리는 공통의 취약성

더구나 국내 소유주, 즉 기업의 경영주나 자산가들은 각 정권의 담당자와 굳게 연결되어 있다. 그 결과 정권 담당자가 대담한 위기대책을 발동하는 시기를 미리 파악해 그 전에 고정환율, 즉 값이 비싼 자국통화를 팔아 값싼 미국 달러로 교환하는 수법을 되풀이한다.

외환보유고가 급감하더라도 그들은 오히려 자신의 행동을 「자산방어」라며 강변한다. 따라서 외부 사람들이 이러한 행동에 대해 비판을 가해도 그들은 적반하장식의 뻔뻔함을 보이는 것이다.

이러한 투기 움직임이 단기간에 동아시아 각국으로 확산된 이유는, 각국의 경제가 동일한 체질과 구조를 갖고 있기 때문이다. 그 구조적인 변화와 변동이 일시에 타국으로 파급되어 경제위기로 폭발한 것은, 결과적으로 동아시아 전역이 공통의 경제체제와 시스템의 지배 아래 있다는 것을 입증하는 사례라고 볼 수 있다.

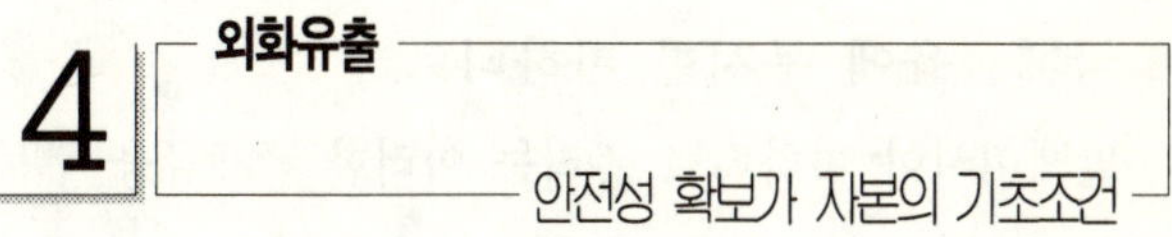

자금 운용자의 투기

이러한 경제위기의 폭발과 동시에 발생한 통화위기는 공통적으로 대량의 외화유출을 가져왔다. 국제금융시장에서 움직이고 있는 자금, 특히 그 운용담당자의 최대 관건은 자금 운용에 따른 실적 문제다. 즉 투자활동의 성공 여부에 따라 국제금융시장에서 자신의 지위가 정해지는 것이다. 이것은 국제자금 운용담당자가 마땅히 져야 하는 숙명이다.

따라서 동아시아에서 경제위기가 발생하면 국제금융시장에서 일하는 운용담당자들은 자금의 전면회수를 한시라도 빨리, 철저히 실행하고자 노력한다. 반대로 선물시장을 통해 위기에 빠진 국가의 통화를 대량으로 팔거나 변동환율제로 이행한 후 폭락한 환율로 그것을 되사는 수법을 되풀이해 막대한 차익을 올린다. 이것은 단순한 투기의 일종이며, 이 행동에 대해 아무리 비난을.퍼부어도 자금 운용담당자들은 하등 가책을 느끼지 않는다. 이들 국가의 국제금융시장에서 일하고 있는 자금 운용담당자들에게 이러한 투기의 성공은 하나의 공로로 받아들여지고 있다.

국제금융에 무지한 마하티르

말레이시아 마하티르 총리는 이러한 국제금융 부문의 심한 「자국통화투매」를 되풀이해 비난하지만, 그 때마다 거꾸로 말레이시아의 통화인 링깃의 투매가 본격화되는 결과가 생겨난다. 12월의 아세안 정상회의에서 마하티르 총리 자신도 『내가 입을 열면 링깃의 투매가 더하니까, 오늘은 침묵을 지킨다』라고 농담을 했다. 그러나 국제금융시장의 관점에서 보면, 이는 마하티르 총리의 어리석음을 증명하는 것 이외에 아무것도 아니다.

사실 이것은 일종의 기계적인 움직임이다. 마하티르 총리가 국제금융시장에서 일하는 자금운용 담당자들의 이 같은 행동에 대해 자국의 이익을 기준으로 비난을 퍼부어도, 그들에게는 다른 세계의 사건이고 전혀 관계가 없는 움직임으로밖에 인식되지 않는다. 그리고 그러한 발언을 되풀이해 세계의 자유시장과 금융시장의 행동양식에 대한 이해 부족을 드러낸다면, 마하티르 총리 자신이 자유세계 국가 지도자로서의 자격이 있는지 되묻는 사태가 벌어질지 모른다.

그러나 마하티르 총리에 대한 말레이시아 국민의 신뢰는 대단하다. 최근 링깃화의 대외가치가 계속 하락해 1달러에 2.5링깃에서 현재 3.8링깃으로 떨어졌다. 그 결과 인접한 싱가포르에서는 매일많은 쇼핑객이 말레이시아 슈퍼마켓에 몰려들어 상품의 대부분을 싹쓸이하고 있다. 말레이시아 국민은 다반사로 일어나는 이 사태에 대단히 강한 감정적인 반발을 보이고 있지만, 그것이 또 마하티르 총리에 대한 강한 지지를 가져오는 요인이 된 것은 일종의 아이러니가 아닐 수 없다.

철저한 투기가 지배한다

국제금융시장의 관점에서 본다면, 투자가치가 있는 나

라로는 세 가지 조건이 있다. 첫째, 정치가 안정되어 적어도 평화적 정권교체가 가능하고, 기본적인 정치 민주주의체제가 확립되어 있어야 한다. 둘째, 그 나라의 경제가 급속한 성장궤도에 안정적으로 놓여 있다는 확증이 있어야 한다. 셋째, 그 나라의 금융시장이 안정되고 기타 경제활동 인프라가 정비되어 투자를 해도 아무런 불안이나 걱정 없이 회수할 수 있다는 보증이 확립되어 있어야 한다. 적어도 이 세 가지 조건을 충족할 수 없다면, 어떤 나라든 국제금융시장에서 움직이고 있는 거액의 투자자금 유치는 불가능하다.

이번 경제위기를 통해 확실히 밝혀진 사실은, 국제금융시장에서 자금의 이동이나 그 이동을 통해 수익을 올리는 자금운용자들은 철저하게 투기에 충실했다는 점이다.

5 홍콩달러를 둘러싼 공방
중국의 경제정책 붕괴로 이어지다

중국의 희생으로 홍콩이 번영

홍콩 달러가 현행 1달러에 7.75홍콩 달러의 고정환율을 유지하는 것은, 장기적으로 보면 홍콩의 경제적 번영이 중국에게는 희생을 의미한다고 할 수 있다. 이것은 중국에게도 대단히 중대한 위기를 의미한다. 이미 1997 년 11월 말 베이징에서 열린 경제공작회의에서 주룽지(朱鎔基) 총리는 『중국 국유기업이 자기 기업 주식을 홍콩 증권시장에 상장하는 것은 당분간 금지하라』고 발표했다. 때마침 10월 23일에는 홍콩 달러가 폭락해 홍콩 금융시장이 대혼란에 빠졌다. 홍콩의 주가가 「대폭락」한 그 날은, 우연히도 중국에서 가장 유력하고 가장 성장력 있는 기업인 중국전신전화(CTT)가 홍콩 증권시장에 상장되는 날이었다.

중국전신전화의 주식상장은 중국 국유기업의 운영에 대단히 심각한 영향을 주었다. 즉 이 주가는 판매 당시 1주당 11홍콩 달러로 판매될 예정이었지만, 눈 깜짝할 사이에 매출가격을 할인해 첫가격을 결정한 결과, 판매 주식 수량의 거의 전부를 상장사인 중국전신전화가 지정하는 증권회사를 통해 되사지 않을 수 없는 상황에 직면했기 때문이다. 그래도 최종가는 매출가격을 밑도는 수준에 머물렀다.

중국 국유기업의 주식회사화는 불가능

결과적으로 가장 유망하고 최고의 성장률이 보증되는

중국 국유기업이더라도, 홍콩 증권시장에 상장하면 시장 환경이 웬만큼 호전되지 않는 한 판매가격을 밑도는 최초가격밖에 매겨지지 않는다는 것이 입증되었다. 지금까지 되풀이하여 레드 칩이라고 불리는 중국 국유기업의 홍콩 증권시장 상장판매가는 가장 싼값으로, 시작가격은 그것을 훨씬 상회하는 비싼값이 매겨지는 관행이 일시에 붕괴·소멸되는 운명을 맞았다는 사실을 중국정부 지도자들은 명심하게 되었다.

이에 따라 주룽지 총리 등 경제정책을 운영하는 최고 책임자들은 1997년 9월 제15차 당대회에서 결정된 기본 정책의 하나인 중국 국유기업의 주식회사화 실행은 사실상 불가능하다는 인식에 일치를 보았다. 그것은 12월의 경제공작회의에서 밝혀졌다. 따라서 이제부터 중국 국유기업의 「주식회사화」는 대폭 늦어질 뿐만 아니라, 이미 거론한 대로 중국 금융시장에서 거액의 불량채권을 회수해야 하는 상황이 더해져 1998년 중국 경제는 심각한 혼란을 면하기 어려울 것으로 보인다.

솔직히 말해 1998년의 중국 경제는 몇몇 분야에서 중앙정부의 통제를 무시한 거액의 설비투자를 강행한 결과 대량의 과잉생산능력이 누적됐으며, 그것이 또한 모든 기업에 대단히 심각한 수익감소를 가져왔다. 결과적으로 중국 국유기업의 구조조정을 단행하게 되면, 이번엔 대량 실업이 발생하는 심각한 제약이 뒤따른다. 사회질서를 유지해나가는 측면에서 이것을 중시할 수밖에 없는 상황이 중국 최고지도부의 최대 과제가 되고 있다.

예정된 홍콩 경제위기

홍콩 달러가 대미 달러 고정환율제를 유지한다는 의미는, 동아시아에서 발생한 경제위기가 중국으로 파급되는 것을 막겠다는 것이다. 그것은 중국의 경제운영은 자유경쟁을 바탕으로 정세 변화에 대응해 철저한 투기가 단행되는 국제경제계의 기본원칙을 절대로 인정하지 않겠다는 강력한 자세가 반영된 결과다.

물론 이러한 자세를 유지해나가면 앞에서 거론한 대로 홍콩 경제는 완전히 중국 본토의 지도부, 즉 중국공산당 수뇌부의 기본노선을 관철하기 위한 희생양이 될 게 명백하다. 1998년은 홍콩에도 동아시아의 경제위기가 여러 가지 형태로 침투해 본격적으로 심각한 위기를 가져올 것이다.

특히 홍콩 증권시장의 상장시가 총액의 40% 이상을 차지하는 부동산 기업의 주가는, 아마 1998년에도 현재 수준을 대폭 밑돌 것이 확실하다. 이는 홍콩 주식시장의 위기를 한층 더 심각하게 만들어 홍콩 경제에 중대한 타격을 입힐 것이다. 그 결과 홍콩에도 동아시아 경제위기가 본격적으로 진행되는 사태를 면하는 것은 불가능해보인다.

뉴욕 정보센터가 위기관리

현재 동아시아 경제위기는, 이들 지역의 모든 경제활동이 뉴욕에 본거지를 두고 국제경제 활동을 통괄하는 정보센터의 지배 아래 놓여 있다는 것을 입증하는 사례다.

바꿔 말해 뉴욕의 정보센터는 매순간 지구에서 발생하는 정치·경제·사회·자연현상에 관한 정보를 금융·증권·상품의 선물시세 변동 숫자에 환산하는 능력을 갖추고 있다. 이 숫자의 변화 자체가 세계의 경제활동을 조정하는 기능을 하는 것이다.

지금 동아시아가 겪고 있는 경제위기는, 이 지역 경제활동의 일거수일투족이 바로 이 뉴욕 정보센터로부터 발신되는 시세변동에 따라 좌우되고 있는 현실을 반영하는 것이다.

이것이 중국 전역의 경제활동에까지 미칠 것인가? 이것이 1998~99년에 걸쳐 중국은 물론 전세계 정세에 상당한 영향력을 미치는 중대 문제라고 할 수 있다.

세계시장에 편입되면 중국 공산당체제는 붕괴

이러한 국제금융시장을 핵으로 국제경제체제에 의거해 움직이고, 그 체제를 지배하고 있는 자유경제의 원리원칙을 그대로 중국 경제에 도입하는 것을 중국공산당 수뇌부가 용인한다면, 그 시점에 중국은 이미 완성되어 충분한 기능을 발휘하고 있는 세계시장의 일원으로 완전히 편입된다. 그러면 중국은 글로벌 시장의 일부로서 그 기능을 최초로 발휘할 것이다.

동아시아의 경제위기는 바로 그 전주곡이다. 중국이 드디어 세계시장의 일원으로서 편입된다는 것은, 세계시장 자체가 완전한 모양의 성에 한 걸음 가깝게 간다기보다 그 성의 문앞에 서는 것을 뜻한다. 이것이 21세기 세계경제의, 어떤 의미에서 본다면 자유경제화의 최후 단계인 것이다.

달리 말해 중국이 최종적으로 자유경제체제의 일원으로 편입되면, 즉시는 아니더라도 그다지 머잖은 시기에 중국공산당 일당독재체제는 붕괴로 이어질 것이다. 경제는 자유경제, 정치는 공산당 일당독재체제로 가는 정경 불일치를 장기간 지속하는 것은 불가능하기 때문이다. 아마 이는 21세기 초에 도래할 세계적인 격동으로 이어질 것이 틀림없다.

거품에 젖어 있는 지도자들

1997년 여름 경제위기가 본격화된 뒤에도 동남아시아 국가의 정부지도자들은 상황을 낙관하고, 이 통화위기가 「일시적이고 단기적」인 사태에 불과하다는 판단 아래 이 위기가 끝나면 다시 거품이 걷힐 것으로 기대했다.

본격적인 경제위기에 직면했다는 판단이 서면 재정지출 삭감에 노력해 재정적자의 원인이 되는 대형프로젝트를 중지해야 한다. 그럼에도 불구하고 정세판단을 낙관한 나머지 정부지도자들은 거품시대와 같이 경망스러운 태도를 보였다. 결국 「거품」 시기에 활발히 전개된 방만한 재정운용 습성을 여전히 고수하고 있다는 비난을 면키 어렵다.

그 일례를 들어보자. 1997년 8월 말레이시아 마하티르 총리는 인도네시아 수하르토 대통령과의 회담에서 양국 사이에 있는 말라카 해협에 긴 다리를 건설하는 구상에 합의했다. 공사비가 무려 800억 달러, 공사기간도 약 10년에 이르는 대규모 프로젝트였다. 따라서 이 구상을 전해 들은 국제사회는 그들이 정말로 경제위기 극복 의지가 없는 것은 아닌가 하고 의심했다.

그 후 경제위기는 한층 더 심각해졌고, 실제 경제효과가 나타나는 시점조차 예상할 수 없는 대형 프로젝트였기 때문에 자금계획도 서지 않았다. 결국 세계에서 이 계획에 동조하는 세력이 전혀 없어서인지, 9월 들어 계획을 중단하는 것으로 양국이 합의했다고 전해진다.

그 후에도 말레이시아 마하티르 총리는 「국제투기 관계자」를 공격하는 발언을 되풀이했다. 이것은 공업화를 서둘러 경제성장을 일찍 실현해야 하는 개발도상국의 정부지도자로서는 국제금융시장의 메커니즘에 대한 이해가 완전히 결여된 모습으로, 국제사회의 신뢰를 한꺼번에 잃는 결과를 초래했다. 물론 말레이시아 국내에서는 마하티르 총리의 발언에 쾌재를 외치는 일반국민의 소리가 높았고, 오히려 그에 대한 지지율도 큰 폭으로 상승하고 있긴 하다.

국제금융시장의 메커니즘을 이해하려면 상당한 지식이 필요하다. 말레이시아의 국민들에게는 이러한 국제적 상식이 부족하다. 따라서 오랜 세월 자신들과 관계 없었던 국제투기 관계자들이 말레이시아의 국익을 볼모로 링깃을 투매해 막대한 이익을 얻었다고 정부에서 설명하면, 다수의 국민들은 그 주장에 수긍하고 만다. 이러한 일반국민의 무지를 역이용해 국제경제를 움직이는 원칙을 부정하는 발언을 되풀이하면, 거꾸로 자기의 위신에 크게 상처를 입히는 결과를 초래한다. 결국 국제경제계에서

마하티르 총리에 대한 신뢰가 높았던 만큼 이러한 언동
은 전형적인 역효과를 가져왔다.

제 7 장

일본의 역할

1 일본 경제의 강한 면모
세계 최대 연구개발 투자가 지탱하는 최강의 제조업

환경보전에 도움되는 기술혁신

일본이 헤이세이(平成) 불황이 끝날 때까지 경제 전체가 붕괴되는 위험에 노출되지 않은 것은 제조업의 강력한 경쟁력 덕분이다. 제조업이 강한 경쟁력을 갖추게 된 계기는 「양적 확대」를 토대로 경제성장을 계속했던 일본 기업이 1973년 제1차 오일 쇼크 이후부터 「질 향상」에 전력을 기울여 철저한 기술혁신에 성공했기 때문이다.

마침 제1차 오일 쇼크의 대응책으로서 철저한 기술혁

신을 추진하는 자세는 21세기 인류 전체의 공통과제였던 환경보전을 달성하는 데 커다란 공헌을 하는 우연의 축복을 받게 된다.

한 마디로 환경을 보전하려면 석탄·석유·천연 가스 등, 이른바 화석연료의 소비를 억제하는 길밖에 없다.

물론 환경보전을 실현하는 방법에는 두 가지가 있다. 그 중 하나는 경제활동 규모를 축소해 생활수준을 낮추는 일이다. 그러면 화석연료의 소비량은 대폭 낮아진다. 그 전형적인 예는 공산당 일당독재체제 붕괴 이후의 구소련, 즉 오늘날의 독립국가연합(CIS)에서 볼 수 있다. 공산당 일당독재체제가 붕괴된 후 CIS경제는 광공업의 대폭적인 생산축소를 중심으로 경제활동이 크게 위축되자 화석연료의 소비량도 대폭 감소했다.

환경보전과 경제성장

또 다른 하나는 환경보전과 경제성장을 양립시키는 방법이다. 즉 기술혁신을 통해 새로운 기준에 따른 획기적인 에너지 절약기술을 이용해 경제성장을 계속하면서 환경보전을 달성하는 방법으로서, 이는 인류에게 가장 이상적인 형태다.

일본은 제1차 오일 쇼크 이후 자연스럽게 이 방향으로

기술혁신을 추진함으로써 에너지 절약과 경제성장이라는 두 마리 토끼를 잡는 데 성공한 것이다.

제1차 오일 쇼크 이후 일본 기업은 매출액의 상당 부분을 연구개발 투자에 투입하게 된다. 1996년 실적을 보면 일본 GDP 500조 엔에서 연구개발 투자는 15조 엔, 즉 3% 수준에 달했다. 이것은 미국 GDP의 연구개발 투자비율 약 2.4%에 비해 높은 수준이다. 더구나 일본의 연구개발 투자 중 3분의 2는 민간기업이 부담하고 있으며 정부 부담은 3분의 1에 불과하다. 미국의 경우에는 민간기업과 연방정부의 부담이 거의 반반이다. 따라서 일본의 경우에는 민간주도 연구개발 투자, 미국의 경우에는 정부주도 연구개발 투자라는 차이가 현저하다.

민간주도의 연구개발 투자

그 결과 생기는 가장 큰 특징은 일본의 경우 거의 대부분이 민생목적, 즉 평화목적을 위한 연구개발 투자인 데 비해, 미국의 경우 연방정부의 부담 중 절반 정도인 전체의 25%를 국방부가 분담한다는 점이다. 즉 미국의 경우에는 군사목적을 위한 연구개발 투자가 전체의 25%를 차지한다.

그러나 일본 정부의 부담은 전체 연구개발 투자 가운

데 3분의 1 정도에 그치고 있다. 더욱이 군사목적을 위한 연구개발 투자는 방위청 예산에 포함되는 약 1,000억 엔(1995년 실적)에 불과해 그 비율은 전체의 0.6% 정도로 미국과는 근본적인 차이가 있다.

두번째 특징은, 민간주도의 연구개발 투자가 주류인 일본에서는 모든 업종에 걸쳐 기업경영자가 연구개발 투자의 결정권을 장악하고 있다는 점이다. 따라서 그들은 기업 간 경쟁에서 우수한 지위를 확보하기 위해 연구개발 투자에 전력을 다해 대응한다.

이에 반해 미국 연방정부의 연구개발 투자는 대단히 중점주의적(重點主義的)인 성격을 띠고 있다. 즉 국방부의 몫이 절반을 차지한다는 사실과 더불어 한정된 업종, 구체적으로 우주개발·항공기 미사일·컴퓨터·전자부품·의약품 중심의 화학분야 등에 대한 연구개발 투자는 연방정부 부담액 중 거의 80%를 차지한다. 따라서 이들 분야에서 영업하는 미국 민간기업은 연방정부의 연구개발 투자가 실시될 때에만 자신의 연구개발 투자에 집중하는 자세를 취하게 되었다.

일본의 경우 민간주도형이기 때문에 우선 경제적인 합리성을 가장 먼저 고려하고, 전 업종에 걸쳐 거의 균등하게 매출액 대비 2% 정도의 연구개발 투자를 진행시키는 패턴이 정착되어 있다. 이에 반해 미국의 경우에는 군사목적, 즉 정치적인 목적을 위한 연구개발 투자가 전체의 25%를 차지한다. 뿐만 아니라 나머지 분야에서도 연방정부의 중점구성에 따라 민간측의 연구개발 투자가 진행되어 대단히 한정적인 업종에 연구개발 투자가 집중되는 것이다. 즉 전통적인 산업인 철강, 비철금속, 금속제품, 종이 펄프, 요업, 시멘트, 섬유 분야에서는 사실상 연구개발 투자가 제로에 가까운 수준에 머무르고 있다.

뒤떨어진 미국의 재래산업

결과적으로 미국의 경우 연구개발 투자를 집중하는 분야에서는 세계 최첨단의 기술혁신이 진행되지만, 전통적인 산업분야에서는 사실상 옛 기술로부터 한 걸음도 진전을 보이지 않고 있다. 따라서 환경보전에 도움이 되는 신기술·신제품의 도입은 전혀 이루어지지 않았다.

미국에서는 이러한 연구개발 전략을 정부가 확립해놓고 있어 이미 거론한 재래산업은 일본 수준과 비교할 때 기술 면에서 크게 뒤처지는 결과를 초래했다. 예를 들어, 가장 많은 에너지를 필요로 하는 철강업을 살펴보자. 미국 철강업의 중핵을 구성하는 대규모 5개 회사는 일본 철강 5개 회사의 자본계열 밑으로 편입되었다. 즉 이들 회사는 일본 철강업의 자회사로 전락해 간신히 경영을 유지하는 상태다.

그것뿐만이 아니다. 이러한 기술의 연구개발 향상을 정치나 군사목적으로 진행시키고 있기 때문에, 경제적 합리성은 뒤로 밀려 그 다음 과제가 되고 있는 것이다. 결과적으로 미국은 『오염물질을 정화하지 않고 강이나 호수로 방류해버린다』는 비난을 받더라도 반론을 제기할 수 없을 정도로 환경보전 능력이 대단히 낮은 수준에 머물고 있다.

지구환경보전회의가 일본에서 열린 이유

1997년 12월 초 교토(京都)에서는 UN이 주최하는 「지구환경보전교토회의」가 개최되었다. 세계 제2의 경제 대국이긴 하지만, 왜 일본에서 환경보전을 목적으로 하는 국제회의가 개최된 것일까? 왜 일본에서 UN에 가입한 모든 나라가 공통적으로 환경보전을 위해 각각 명확한 연차목표를 설정해 에너지 소비량을 절감하자는 「교토조약」을 전개했을까? 그 이유에 관해 일본의 매스컴은 일절 언급하고 있지 않지만, 단적으로 말해 일본이 환경보전 분야에서 세계 최선진국이며 동시에 경제성장과 환경보전이라는 양립하기 어려운 과제를 일본만큼 훌

릉히, 정확하게 달성한 나라는 지구상에 존재하지 않기 때문이라고 볼 수 있다.

예컨대, GNP를 기준으로 볼 때 일본의 경제규모는 전세계의 약 16%를 차지하고 있지만 화석연료의 소비량은 4.9%뿐이다. 즉 일본이 화석연료의 소비량과 GNP 비율에서 세계 표준보다 훨씬 낮은 약 3분의 1의 화석연료를 소비해 하나의 GNP를 만들고 있는 국가라고 말할 수 있다.

이에 비해 미국이 세계경제에서 차지하는 비율은 26% 정도다. 그러나 화석연료 소비량은 50%를 차지한다. 따라서 두 배의 화석연료 소비량으로 겨우 한 단위의 GNP를 생산하고 있는 셈이다. 일본과 비교하면, 1 대 6이라는 엄청난 격차가 존재한다.

여기에는 일본 제조업이 제1차 오일 쇼크 이후 기술연구개발 투자에 전력을 기울여 대응해온 성과가 반영되어 있다. 1995년 실적을 살펴보자. 엔화상승의 영향이 있지만, 일본의 민간기업은 연간 10조 엔을 연구개발비로 투자하고 있는 데 비해 미국 민간기업은 9조 엔대에 머물고 있다. 민간기업이 부담하는 연구개발 투자 면에서 볼 때 미·일 양국 간에는 분명히 눈에 띄는 격차가 발생했다.

물론 연구개발 투자의 전체 규모로 보면, 이미 거론했듯이 일본은 민간기업의 부담이 전체의 3분의 2, 미국은 2분의 1이다. 또 일본은 전체의 3분의 1, 미국은 2분의 1을 중앙정부가 부담하는 구조로 되어 있는 만큼 전체 연구개발 투자 자체로서는 경제규모의 차이가 있어 아직 미국이 일본을 약간 상회하고 있는 것은 틀림없는 사실이다. 그러나 이미 살펴본 연구개발의 구조적인 차이를 근거로 계산하면, 일본의 경우 대부분이 민생목적과 평화목적을 위한 연구개발 투자로 진행돼 이 분야에서는 확실히 미국을 크게 앞지르고 있다.

기술수준을 높이면 비가격경쟁력이 강해진다

연구개발 투자가 진행되면 당연히 제조업의 기술수준도 높아진다. 1996년 미국 특허청이 공표한 통계자료는 이러한 사실을 입증하고 있다. 미국에서 특허를 취득한 건수의 기업 순위를 보면 상위 10개사 중 미국 기업이 2개사를 차지했고, 나머지 8개사는 전부 일본 기업이 독점했다. 또한 미국 전체 특허 취득건수는 약 8만 건이지만, 외국인 특허취득 건수 중 일본 기업이 2만 3,000건을 상회해 다른 나라를 압도했다.

일본 제조업의 이러한 기술수준은, 일본 상품의 국제

경쟁력이 강한 비가격경쟁력에 의해 지탱되고 있다는 사실에도 훌륭히 반영되어 있다.

1996년 일본 수출상품 구성을 보면, 비디오·승용차 등 내구소비재를 포함한 소비재는 20% 이하이고, 나머지 80% 이상은 기계류 중심의 자본재와 기초자재·부품 등 생산재가 차지하고 있다. 이는 일본 상품의 해외 구매자 중 개인소비자가 20% 이하이고, 80% 이상이 기업이라는 것을 말해준다.

개인과 기업은 상품을 구입하는 선별 기준이 분명히 다르다. 개인의 경우에는 우선 가격이 문제가 된다. 즉 개인소비자는 가격이 싸면 구매의욕이 생긴다. 그러나 기업의 처지에서는 품질과 성능이 구매의 최우선 기준이 된다. 즉 그 상품의 생산업체가 국제적으로도 우수한 기술수준을 보유하고 있는지 여부가 선별기준이다. 두번째는 기계류 등의 자본재든 기초소재나 부품 등의 생산재든 간에, 얼마나 신뢰할 수 있느냐가 중요하다. 기계인 경우 고장나거나 쉽게 파손되지나 않는지, 기초소재나 부품인 경우 임의검사만으로 안심하고 생산 라인에 투입할 수 있을 만큼 불량품이 적은지 등 신뢰성 여부가 선별기준이다. 세번째는 계약대로 납기가 제때 지켜지는지이고, 네번째에 가서야 비로소 가격이 문제가 된다.

세번째 사항까지는 전형적인 비가격경쟁력에 관한 것이다. 이러한 면에서 일본 상품에 대한 국제시장에서의 신뢰와 각국의 평가는 절대적으로 확립되어 있다. 1985년 이후 엔화상승이 꾸준히 진행되어왔지만, 일본 상품의 수출액은 오히려 증가했던 것이다. 일본이 지속적인 무역흑자를 내고 있는 이유가 바로 여기에 있다.

일본은 국제수지 위기와는 무관

이렇듯 강력한 경쟁력을 갖추고 세계 최고의 기술수준을 익힌 제조업은 오늘날에도 월평균 1조 엔 정도의 무역흑자를 계속 올리고 있다. 따라서 동아시아 각국과 달리 일본은 국제수지 위기에 전혀 흔들리지 않는 경제 대국의 면모를 유지하고 있다. 동아시아의 거의 모든 나라에서 발생한 경제위기는 국제수지위기와 밀접한 관련이 있다. 이와 관련해 일본은 제조업의 국제경쟁력 면에서 최고의 지위를 유지하고 있다. 따라서 세계 전체가 일본에서 공급하는 자본재·생산재의 시장으로 남아 있는 한 동아시아의 심각한 경제위기 폭발이 일본 전체의 경제활동에 결정적으로 악영향을 미치지는 않는다고 말할 수 있다.

이렇게 본다면 일본의 제조업은 일본 경제를 지탱하고

있는 최대 기둥이다. 이제 일본의 제조업이 제공하는 자본재·생산재의 공급 없이는 미국, 유럽, 그리고 세계 전체의 경제활동이 유지될 수 없다. 이것이야말로 동아시아 경제위기 동향을 분석할 때 절대로 간과해서는 안될 가장 중요한 요소인 것이다.

2 세계 최대 채권국

4,000억 달러의 해외 금융자산

여유자금을 해외에서 운용

일본은 1985년 플라자 합의에서 시작된 엔화상승 속에서도 세계 최강의 경쟁력과 세계 최고의 기술력을 보유한 제조업 덕분에 국제수지 적자를 기록하지 않고 오늘에 이르렀다.

10여 년 사이에 일본 경제는 기록적인 무역흑자를 기록했다. 그 대부분은 우선 일본의 외환보유 증대에 크게 공헌했다. 그뿐만 아니다. 일본의 민간기업은 제조업과 금융업을 막론하고 공통적으로 거액의 여유자금을 국제금융시장에서 발생한 방대한 대외채권으로 보유하고 있어, 세계 최대 「금융대국」으로 일본을 변신시켰다.

일본의 외환보유고는 잘 알려져 있는 대로 세계 최고 수준이다. 게다가 일본의 민간기업은 국제금융시장에서 운용하고 있는 방대한 금융자산을 보유하고 있다. 그 금액은 일본은행이 보유하고 있는 외환보유의 두 배에 달하는 것으로 알려져 있다. 즉 일본의 해외 금융자산은 4,000억 달러를 가볍게 넘고 있다.

이는 해외에 진출한 공장이나 기타 일본 기업의 해외 진출 때 수반되는 「직접투자」를 제외한 금융자산 보유액을 가리키는 것이다. 따라서 이러한 고정자산을 포함한 해외채권의 총액은 거의 8,000억 달러를 상회하는 높은 수준으로 추정된다.

이만큼 방대한 해외채권을 보유하고 있는 일본이 간단히 붕괴하거나 괴멸한다는 것은 상상하기 어렵다. 더구나 막강한 제조업의 반영으로 무역흑자는 오늘날 월평균 1조 엔 규모를 유지하고 있다. 이러한 사실 자체만으로도 일본은 국제수지위기와는 전혀 무관하다는 것을 단적으로 알 수 있다.

경제력에 걸맞은 세계 역할

일본의 주변인 동아시아에서는 경제위기가 한층 더 심각해질뿐더러 이로 인한 국제수지위기를 맞고 있다. IMF

주도로 국제적인 지원체제를 가동한다고는 해도, 간단히 회복할 수 없는 심각한 위기인 것만은 틀림없다. 이러한 현실을 감안할 때 일본은 아시아에서 대단히 안정되고 강력하며 높은 지위를 보유하고 있는 유일한 경제대국이라고 평가하지 않을 수 없다.

이러한 환경 속에서 세계 전체 경제에서 차지하는 일본의 지위는 상대적으로 높아지고 있다.

IMF 출자비율에서도 이제 일본은 미국에 이어 세계 제2의 자리를 확보했다. 또한 이 상태가 계속된다면 일본의 국제적인 지위를 한층 더 향상시키는 요소로서, 예를 들면 UN 분담금 문제를 거론할 수 있다. 여기에서도 일본은 미국에 이어 세계 제2의 지위를 확보했으며, 재정난으로 허덕이는 UN으로서는 한층 더 일본에게 분담금 증액을 요구할 수밖에 없는 처지에 빠져 있다. 그리고 그에 부합하는 UN에서의 발언권을 강화하기 위한 수단으로서 UN의 핵심인 안전보장이사회 「상임이사국」으로 일본을 인정할 것인가에 대한 논의가 제기될 것이다. 이것은 이제 UN에 국한된 얘기가 아니라, 세계 외교계의 최대 현안 중 하나로 대두되고 있다.

IMF의 긴급지원

앞에서 살펴보았듯이 일본은 동아시아 경제위기와는 전혀 무관한 존재다. 동아시아 전역에 걸쳐 전개되어 한층 더 심각해지고 있는 이 경제위기가 일본 국내에 직접 파급되어 일본 경제위기까지 유발하는 요인으로 작용하지는 않을 것이다. 그것은 오로지 일본 국내의 조건, 즉 일본이 지금까지 경제성장과 더불어 안정된 체제를 구축하는 데 성공한 성과라고 해도 하등 이상할 것이 없다. 이제 동아시아 각국은 심한 경제위기로부터 탈출하기 위해 일본의 지원을 강력하게 구하지 않을 수 없는 상황이 되었다. 동아시아 경제위기는, 이미 아시아 3개국에 대해 IMF가 주도권을 쥐는 국제적인 지원체제로 짜여졌다.

그것은 1997년 8월에 태국, 9월에 인도네시아, 12월에 한국에 대한 지원으로 이어졌다. 이 3국 외에도 필리핀·말레이시아 등도 IMF에 긴급지원을 요청하려는 움직임을 보이고 있다. 이대로 경제위기가 계속된다면, 일본을 제외한 동아시아 모든 나라가 IMF의 긴급지원을 요청하는 상황에 도달하는 것은 이제 시간 문제라고 하지 않을 수 없다.

지금까지 고도성장에 덮여 감춰져 온 동아시아 각국의 실상과 허상 사이에는 엄청난 격차가 존재하고 있었다. 이제 아시아 경제위기 속에서 그 실상이 드러나는 사태에 직면하게 되었다.

높게 평가된 한국의 경제력

예를 들어 한국을 살펴보자. 1960년대부터 30여 년에 걸친 고도성장을 계속해 이른바「한강의 기적」이라고 불릴 정도로 국제사회에서 높게 평가된 경제도 1997년 초부터 시작된 위기로 인해 그 실상이 그대로 폭로됐다.

「원화절하」측면에서도 한국은 변동환율제의 외환관리제도를 기초로 지금까지 변동의 상한폭을 2.5%로 규제했지만, 그 규제를 해제한 순간 원화는 폭락했다. 1997년 초 1달러에 827원을 유지하던 대외 환율이 같은 해 12월 초에는(잠시였지만) 2,000원까지 폭락하는 상황을 보였다. 그것은 또 한국의 국내물가를 일시에 폭등시켜 대담한 금융긴축정책을 도입해도 물가상승을 막을 수 없는 상황을 초래했다.

그 때문에 한국 경제는 중대한 타격을 입고 있다. 경제위기가 진행됨에 따라 재벌을 포함한 기업들은 잇달아 구조조정에 돌입했다. 기업들이 대폭적인 정리해고와 임금삭감을 강행한 결과 일반국민의 수입은 점점 줄어갔다. 그 밖에 휘발유 값은 연초에 1ℓ 700원이었으나 연말에는 1,000원으로 상승해 버스 요금, 전력요금, 기타 모든 공공요금이 대폭 인상되었다. 말하자면 극심한 물가상승과 수입감소라는 딜레마가 지속되면서 일반국민 생활이 대단히 괴로운 상황에 직면했다.

북한 지원과 월드컵에도 지장

이 분단체제의 북쪽에 자리잡은 북한에서는 최근 몇 년 동안 사상 유례없는 식량 부족으로 대량의 아사자가 나왔다. 이러한 상황에서 한국은 적십자나 기타 민간조직을 통해 북한 동포를 구제하기 위해 나름대로 노력을 기울여 대량의 식량을 지원하기 시작했다. 그러나 국제사회가 핵무기 개발을 북한이 단념하는 대가로, 이른바 경수로 2기를 장기차관 형태로 제공하는 구상으로 운영되고 있는 「한반도에너지개발기구(KEDO)」의 주역인 한국은 그 경수로 2기 건설에 필요한 자금을 자국에서 조달할 수 없는 상황을 맞고 말았다. 월드컵 개최도 2002년까지 한국 경제가 재건되어 안정성장 궤도에 재진입하지 못한다면 힘들게 치러야 할 것이다.

　최근 한국 정부는 선진국 대열에 참여하게 된 1996년
말 OECD 가입으로 일종의 민족주의적 감정에 젖은 것
을 반성하면서, 사회자본을 좀더 충실히 다지기 위해 계
획했던 대형 프로젝트의 재검토를 논의하고 있다. 예를
들면 수도 서울과 부산을 잇는 고속철도와 서울 근교에
있는 김포국제공항을 대체하고 아시아 전역을 대상으로
하는 「중추 공항」의 역할을 다할 인천신공항 건설공사를
중단하라는 압력을 받고 있다. 이들 프로젝트는 거액의
건설비와 오랜 공사기간이 필요해 곧바로 이용할 수 있
는 자원은 아니다. 또한 이러한 프로젝트를 중단하는 조
치를 취함으로써 위기극복을 위해 정부도 아픔을 감수한
다는 각오를 세계에 보여주어야 하기 때문에 다시 검토
에 들어간 것이다.

　2월에 정권을 인수받은 김대중 대통령에게 최초의, 동
시에 최대 과제는 지금 겪고 있는 한국 경제의 위기탈출
이다. 이를 위해서는 우선 대규모 구조조정이 필요하
다. 그러나 그 전제 조건은 김영삼정권 시대에 대폭적인
양보를 되풀이했기 때문에 현저히 세력을 신장시킨 노동
조합의 저항을 어디까지 막아내는가 하는 것이다. 김대
중 대통령은 벌써 정부 · 관료 · 재벌을 중심으로 하는 경
영자들도 똑같이 위기탈출에 따르는 무거운 부담을 짊어

져야 한다고 역설하고 있다. 또 정부가 짊어져야 하는 희생의 일부는 대형 프로젝트의 중지다. 월드컵 문제도, 개최를 위한 시설건설에 필요한 자금조달의 부담 때문에 일부 지방자치단체에서 개최지 지정을 반납하고자 하는 움직임이 있을 수 있다.

아직 미지수이긴 해도 한국 경제위기의 심각함은 대부분 예측을 뛰어넘고 있는 만큼 앞으로의 동향을 한층 더 조심스럽게 지켜볼 필요가 있다. 앞에서 거론한 KEDO의 자금분담에서도 지금까지는 약 절반을 한국이, 나머지 절반 중 일본이 40%, 미국이 10%를 부담하는 것으로 전해졌다. 그러나 위기가 계속되면 한국이 경수로 건설자금 51억 달러 중 반액을 부담하는 것은 도저히 불가능하다. 따라서 불가피하게 일본의 대폭적인 분담률 인상을 요청해야만 하는 상황이다.

한·일 양국의 격차가 벌어진다

한국은 1996년 말 국민 1인당 소득이 1만 달러를 넘어 선진국 클럽인 OECD에 29번째로 가입했다. 그 순간 한국은 동아시아에서 일본과 대등한 위치에 서는 선진국으로서의 신분을 강하게 주장하려고 했지만, 경제위기가 본격화되면서 그러한 환상을 한순간에 포기할 수밖에 없었다.

　국민 1인당 1만 달러의 GDP였지만, 원화의 대외환율이 대폭 하락한 1997년 말에는 9,000달러를 상당히 밑도는 수준으로 떨어질 것이 확실하다. 또 1998년에는 원화 시세의 하락이 진행될수록 대폭 떨어지는 쪽으로 수치를 수정할 수밖에 없다.

　그렇게 본다면 이러한 경제위기는 한·일 양국의 경제력 격차를 분명한 형태로 제시하는 요인이 되었다고 해도 과언이 아니다.

　이것은 동아시아 전역의 모든 나라에도 해당된다. 어느 나라건 경제위기가 진행됨에 따라 1980년대부터 1990년대에 걸쳐 세계 최고 성장률을 자랑한 번영, 즉 국민 생활수준의 향상, 수도를 중심으로 하는 대도시의 발전적인 변화는 급속히 소멸했다. 예를 들면 통화위기의 진원지 태국을 보자. 수도 방콕을 중심으로 한 거의 모든 지역에서는 녹슨 철골만 앙상한 채 건설이 중지된 프로젝트를 수없이 볼 수 있다. 결과적으로 선진국은커녕 중진국 정도의 개발도상국 수준에 불과한 동아시아 전역의 경제력 실상이 너무나도 적나라하게 전세계에 드러났다고 할 수 있다.

　물론 다음 장에서 검토하는 것처럼, 전면적인 경제위기가 한층 더 진행되어 동아시아 전역이 21세기에도 완전히 회복불능의 붕괴상태에 몰린다는 것은 있을 수 없다.

동아시아의 회복 시점

경제위기는 세계경제의 경기순환과도 밀접히 연결되어 있는 하나의 사이클이다. 세계 전체의 경제활동이 점차 회복되어 성장 궤도에 복귀하는 시점은 아마 1999년쯤이 될 것으로 예상된다. 그 때가 되면 동아시아는 다시 비교적 질이 뛰어난 풍부한 노동력을 활용해 세계경제 속에서 상대적으로 높은 성장률을 부활하는 지역으로 재평가받는 날이 올 것이다.

동아시아에 국한하지 않더라도 세계 어느 지역이든 간에, 지역 전체의 경제정세를 한 마디로 「장기호황」 또는 「장기불황」이라고 말하는 것은 극단적인 표현일 뿐만 아니라 정확성이 결여된 판단일 수 있다. 각국의 실태에 관한 정확한 개별정보와 장래 전망의 확립을 통해 각국에 대한 투자나 경제활동 기준을 스스로 작성해나가는 것이 21세기 국제화된 경제활동에 참가하는 사람들에게 가장 중요한 과제라고 할 것이다.

크게 다른 일본과 유럽의 위기대책

1997년 경제위기가 한층 더 심각해지고 동아시아 전역에 걸쳐 통화위기가 심해지면서, 이들 지역에 진출한 외국의 각 기업은 필사적으로 정세 변화의 대응에 몰두하지 않으면 안 되었다. 진출한 현지국가의 통화위기가 심각해져 대외환율이 대폭 절하되면, 기본적인 생활물자를 수입에 의존하는 나라에서는 물가가 전반적으로 급상승하게 되어 인플레이션이 진행된다. 또한 어떤 나라든 자국 통화를 방어하기 위해 금융긴축을 실시하고, 이로 인해 극심한 자금난에 빠지게 된다. 금리는 장기든 단기든 급등해 재무구조가 허약한 기업은 높은 금리부담을 견딜 수 없다. 특히 현지 경제의 중심을 구성하고 있는 대부분의 중소기업은 자본이 부족하고 재무구조가 부실하기 때문에 도산으로 몰리게 마련이다. 바야흐로 본격적인 경제위기가 시작되는 것이다.

이 때 어느 분야에서든 간에, 제품 수요가 급속히 감소해 대폭적인 조업단축을 단행하더라도 채산성을 유지하는 것 자체가 대단히 곤란하게 된다. 이런 위기에 직면한 외국 기업의 대응은 완전히 둘로 나뉜다. 하나의 대응은 위기에 직면한 나라에서 전면철수를 검토한다. 예를 들면 세계적인 가전 메이커로서 알려진 네덜란드의 필립스(Philips)사는 말레이시아에서 가전부문을 전면철수해 중국으로 설비를 이전했다. 또 하나는 일본 기업의 대응이다. 역시 말레이시아에 진출한 마쓰시타(松下)전기는 콸라룸푸르 근교에 에어컨·냉장고 등 열과 관계 있는 전기제품의 기본부품인 콤프레서 생산공장 13곳을 가동하고 있다. 연구소도 2개소를 운영 중이며, 종업원 수는 3만 명을 넘는다. 마쓰시타 그룹은 말레이시아에서 양산한 콤프레서를 전세계에 있는 자사의 공장에 공급하고 있다. 마쓰시타 경영진은 이 말레이시아 공장을 철수하기는커녕, 반대로 기술 연구개발 노력을 강화해 더 낮은 비용으로 품질과 성능이 뛰어난 제품을 만들기 위해 투자를 더욱 강화했다.

일찍이 마쓰시타 그룹은 필립스와 자본·기술 제휴관계를 맺고 있었다. 동일 분야에서의 경쟁상대라고는 해도, 오랜 동안 협력관계에 있던 두 회사가 같은 지역에서 같은 경영환경의 격변에 직면해 대응책에 180도 차이를 보인 것은 대단히 흥미가 있다. 눈앞의 현실 중심적이고 단기적인 승부를 서두르는 유럽 기업과 장기적인 관점에서 경제위기에 대응하고 경영의 안정을 중시하는 노선을 취한 일본 기업은 바로 서로의 전형적인 차이를 대표한다고 볼 수 있다. 어느 쪽이 현지의 신뢰를 얻을 수 있을까? 그 해답은 명백하다.

제8장

21세기 세계와 아시아의 미래

1. 자유경제로의 편입
강자는 성장, 약자는 쇠퇴

자유경제의 원리원칙이 정치도 바꾼다

중국을 포함한 동아시아 전역은 이제부터 21세기에 걸쳐 세계 전체의 경제활동을 지배하는「시장경제체제」속에 스스로를 편입시키지 않으면 생존할 수 없다. 아마 21세기에 들어서면, 동아시아에서도 그다지 멀지 않은 시기에 냉전이 종결될 것이다. 이것은 제2장에서 말했듯이 동아시아에 남은 3개국의 공산당 일당독재체제가 완전히 붕괴·해체·소멸하는 것을 의미한다.

그 중 최대 국가가 중화인민공화국, 즉 중국공산당의

일당독재체제인 것은 새삼스레 지적할 필요도 없다. 그 방향으로 변해갈 때 제일 중요한 점은, 이러한 정치체제의 격동이 반드시 무력충돌의 결말과 결부되는 것은 아니라는 사실이다. 평화적으로 자유롭게 경제활동이 전개되면 서서히, 그러나 큰 힘으로 자유경제의 원리원칙이 그 나라의 경제활동 속에 침투해 마침내 정치 힘으로는 어떻게 할 수 없는 급격한 변화를 가져오는 물결의 원천이 되는 것이다.

중국공산당 지도자들은 이러한 사태를 「화평연변(和平演變)」이라고 말하면서, 서구측과 교류하더라도 언제나 가장 주의하지 않으면 안 되는 문제로서 경계를 게을리하지 않고 있다. 그러나 현실은 경제활동이 전개되면서 서서히 자유경제 원리원칙이 중국 내부에 깊게 침투해 12억 중국인의 경제활동을 좌우하고 있다. 이러한 사태를 철저히 저지하는 노선을 도입할 수 없다는 점이 중국공산당이 직면하고 있는 최대의 과제이자 모순이라고 평가할 수 있다.

자연도태 끝에 위기로부터 탈출이 있다

자유경제체제에서는 강한 나라, 강한 기업은 성장한다. 반대로 약한 나라, 약한 기업은 쇠퇴해 결과적으로 경쟁에 패배함으로써 도산이라는 형태로 경제계에서 종적을 감춘다. 거기에서 발생하는 「우승열패(優勝劣敗)」의 발걸음이 대단히 강한 힘으로 그 나라 경제활동 전체를 지배하는 것이다.

이러한 분위기는 동아시아 경제위기가 한창 진행 중에 있다는 것을 보여주고 있다. 단적인 표현을 쓰면, 동아시아에 속한 모든 국가에서는 지금 우승열패가 치열하게 전개되고 있다는 얘기다. 그리고 이제부터 몇 년 사이에 강한 기업은 살아남고 약한 기업은 도산이라는 형태로 자연도태되는 결말을 보고 나서야, 새로운 경기순환에 따라 위기로부터의 탈출이 본격화될 것으로 전망된다. 물론 국가에 따라 약간의 차이는 있을 것이다. 일부 나라에서는 이 우승열패에 따른 자연도태가 대규모로, 또한 심각한 모양으로 진행될 것이다. 예컨대, 지금까지 상태로 본다면 경제활동의 골격을 형성하고 있는 한국의 재벌조차 이번 위기가 끝나는 단계에서는, 위기 전의 30개사중 4~5개 정도만 살아남아도 다행으로 생각해야 할 정도로 심각하게 진행될 가능성이 충분히 있다.

그 대신 살아남은 기업은 놀랄 정도로 강한 경쟁력을 지닐 뿐만 아니라, 경영체제도 철저히 합리화되어 대단히 기동력 있는 기업경영이 구체적으로 실현될 것이다.

이렇게 각국의 경제활동 전체가 지구적 규모로 성립되어 있는 세계시장의 일부로 급속히 편입되어 정착될 것은 말할 나위도 없다.

그런 의미로 보면, 이제부터 동아시아 각국에서는 철저한 자유경쟁이 한층 더 치열한 판매경쟁의 형태로 이어질 것이다. 따라서 각 기업의 채산성에 따라 그 기업의 운명이 좌우되는 사태가 아마 장기간 지속될 것이다.

이러한 경제위기가 진행되면서 각국의 대응은 저마다 다르다. 예를 들면 태국 등은 도시에서 직장을 잃은 실업자가 농촌에 돌아가 일가 친지들의 도움을 얻으면서 간신히 생활을 유지하는, 말하자면 농촌으로 과잉노동력을 흡수시키는 정책으로 아직 대응이 가능하다. 반면에 한국과 같은 나라는 도시에서 발생한 실업자를 농촌에 흡수시킨다 해도, 이젠 농촌 자체가 그런 여유를 완전히 잃고 있다. 이 두 나라 사이에는 상당한 차이가 생기는 것이다.

정치가 경제정책 실패의 책임을 지지 않는 현실

가장 큰 문제는 이러한 동아시아 경제위기가 진행되면서 일찍이 경제정책 운영실패의 책임을 정치가 어떤 모양으로 질 것인가 하는 점이다. 예를 들어 한국을 보

면, 1997년 12월 대통령 선거로 드디어 여당이 정권으로
부터 추방되고 야당을 대표하는 김대중 씨가 네번째 대
통령 출마 끝에 승리를 거둬 야당이 정권을 잡는 사태가
일어났다. 즉 한국에서는 경제위기의 진행과 동시에 그
책임을 유권자가 추궁한 결과로서 여야 정권교체가 실현
된 것이다.

물론 그 밖의 동아시아 국가에서도 경제위기를 발생
시킨 책임을 추궁하려는 분위기가 있긴 했지만, 한국과
같이 대통령 선거 결과로서 정권교체가 본격화된 나라와
는 약간 다른 정치상황이 아직 계속되고 있다고 할 수
있다.

태국을 보면 차왈릿 정권은 붕괴되었지만, 그 후속정
권은 여전히 군부세력을 등에 업고 근근하게나마 정권을
유지하고 있기 때문에 완전히 성격을 바꾸었다고 볼 수
없다. 태국에서는 한국같이 극적인 여야 정권교체는 없
었다고 할 수 있다. 필리핀은 1998년 5월 5년에 한 차례
씩 행해지는 대통령선거 결과 현직의 라모스가 은퇴하고
누가 후계자가 될지 아직 정해져 있지 않은 상태다. 그
러나 다음 대통령이 정권의 최고책임자로서, 경제위기의
정치적 책임을 대통령 선거의 승패로 귀착시키는 형태가
정착될 것으로 예상된다.

그러나 그 밖에 말레이시아·인도네시아·싱가포르에서는 정권이 교체되지 않고, 여전히 같은 인물에 의해서 정치가 유지될 것으로 보인다. 즉 경제위기가 반드시 정변으로 이어지지 않는 것이다. 이러한 의미로 보면 동아시아는 아직 경제의 근대화도, 이에 따른 정치의 민주화 실현도 아득한 상태가 계속될 것으로 판단할 수 있다.

2 위기의 장기화

자력갱생에는 시간이 걸린다

위기에 대한 구조적 개혁이 필요하다

이미 살펴보았듯이 태국과 인도네시아, 그리고 한국은 IMF 주도로 세계 주요 국가가 나서서 긴급지원을 제공한 결과 일단 국제수지 위기에 따른 경제체제의 전면붕괴는 피할 수 있게 되었다. 또한 「자국통화의 대외환율」이 대폭 절하됨에 따라 이미 태국·한국 등 일시적이긴 해도 국제수지가 적자로부터 흑자로 전환되는 국가도 나타났다.

이러한 상황 호전은 점차 확대되어갈 뿐만 아니라, 그것이 동아시아 전역의 경제위기를 극복하는 데 크게 공헌하리라는 점은 새삼스레 지적할 필요도 없다. 동시에 지적해두고 싶은 사실은, 동아시아 경제위기는 결코 일시적인 경기순환에 따르는 산물이 아니라는 것이다. 이미 되풀이 지적한 대로, 그 국가경제 자체에 구조적인 위기를 내포하고 있기 때문에 위기 극복에 실패하고 장기화로 이어지는 것이다.

예를 들어 한국에게는 IMF 주도로 총 576억 달러라는, 역사상 유례가 없는 대규모 긴급지원이 제공되었다. 동시에 한국 정부에게는 국내 경제를 과감히 개혁해 당면 과제로서 1998년 경제성장률을 1997년의 예상치 6%의 절반 수준인 3% 이내로 억제하고, 무역수지 적자도 GDP의 5%에서 2%대로 축소해야 하는 일련의 조건을 확실히 이행하지 않으면 긴급지원금 전액을 제공받을 수 없다는 조건이 부과되었다.

엄밀히 말해 한국은 경제주권을 IMF에 맡긴 것이다. 결국 일부 한국 매스컴의 주장대로 「경제운영의 주도권을 잃은 망국정책」이라는 의견은 나름대로 의미가 있는 주장이라고 하지 않을 수 없다.

한국의 금융제도개혁

한국이 현재까지 취해온 경제체제는 「제조는 재벌, 금

융은 정부」라고 하는, 일반적으로 자유경제체제를 채택한 나라로서는 상당히 비정상적인 시스템을 그대로 유지해왔다고 볼 수 있다.

그 결과 한국의 은행은 재벌 소유가 아니다. 한국은 어떤 재벌이나 개인이더라도 은행 발행주식 수의 4% 이하밖에 보유할 수 없는 주식보유상한제도를 실시해왔다.

이번 IMF로부터의 긴급지원 조건으로 한국 정부는 이러한 금융기관에 대한 주식보유제한을 철폐하고, 동시에 한국의 금융기관에 대한 외국인의 투자 기회를 보증해야 하는 의무를 짊어졌다. 그리하여 1997년 12월 23일 소집된 임시국회에서 금융제도개혁법안이 상정되어 가결되었다.

이 금융제도개혁법안이 성립되자 한국 시중은행에 대한 주식의 취득제한 4%는 외국인을 포함해 개인과 법인을 막론하고 모두 철폐되었다. 이제부터 재벌이나 외국의 금융기관은 한국의 시중은행 25개사에 대해 자유롭게 주식을 취득해 소유할 수 있는 길이 겨우 열린 셈이다.

과거 한국은 은행을 재벌 지배 아래 두는 것을 용인하지 않았다. 그 결과 재벌들은 은행 이외의 금융기관, 예를 들면 보험회사·금융회사 등을 설립해 자기 그룹 내의 금융업무 일부를 분담하는 시스템을 도입해야만 했다. 이 「금융회사」가 점차 성장하자 한국정부는 서서히 규제를 완화할 수밖에 없었고, 이들 회사는 해외에서의 자금 차입업무를 실시하면서 거액의 외자를 받아들였다. 그 후 이러한 외자 상환기한이 가까워옴에 따라 한국의 외환보유에 대한 강도 높은 공격과 동시에 원화의 대량투매가 발생한 것이다. 이 같은 사태도 사실은 은행에 대한 재벌의 출자를 인정하지 않고 재벌의 은행보유를 용인하지 않은 시스템의 파탄이 가져온 산물인 것이다.

글로벌한 표준을 도입하는 한국

더욱이 금융회사라고 불리는 이들 금융기관은 한국은행의 일원적인 통제 밑에 놓여 있지도 않았다. 물론 시중은행 15개, 지방은행 10개에 대해서는 중앙은행인 한국은행이 예금준비제도와 예금보험제도를 정비함으로써 직·간접으로 일정한 통제권을 행사하고 있었다. 그러나 예금을 취급하지 않는 금융회사에 관해서는 그 통제권이 미치지 못했다.

일본도 마찬가지지만 정규은행으로서 금융시장의 주역을 담당하는 금융기관은 당연히 금융시장의 조절기능을 하는 중앙은행과의 결합을 필요로 한다. 또 중앙은행은 금융시장을 구성하는 민간은행과의 관계를 강화함으로써 금융시장의 안정을 실현하는 책임을 수행할 수 있다. 그러나 금융시장에서 은행과 같은 기능을 갖는 기업, 즉 한국의 종합금융회사, 일본의 주택전문회사와 같은 곳은 일반은행과 다를뿐더러 중앙은행과의 거래관계 또한 미약하다. 따라서 일단 경영이 파탄 난 경우, 중앙은행의 금융시장조정 기능을 저하시키는 역할을 하게 된다. 그 이유는 다음과 같다.

은행에는 예금을 모아 자금을 대출하는 협의의 금융업무와 함께 결제기능이 요청된다. 때문에 일단 경영이 파탄 난 경우에는 중앙은행이 지원해 결제기능을 유지해야 한다. 그러나 한국의 종합금융회사는 일본 주택전문회사와 달리 일반대중으로부터 예금을 모으고 있었지만, 그 예금구좌를 통한 결제기능은 없었다. 따라서 일단 금융위기가 폭발했을 때 중앙은행은 이들 금융회사에 대한 지원을 실시할 수 없었다. IMF는 긴급지원을 해주는 조건으로서 종합금융회사의 정리·도태를 강하게 요구해 한국 정부도 이 정책을 도입하기 시작했다.

12월 23일 금융제도개혁법의 성립으로, 이처럼 왜곡된 시스템이 적어도 국제경제사회에서 공통되는 시스템에 일치되도록 주식 보유나 소유형태에 대해 조정해나가는 길이 간신히 열린 것이다.

이 경제위기가 현재까지의 한국 경제운영 방식을 철저

히 수정해, 어떤 의미로는 국제상식에 따른 글로벌한 표준을 한국에 본격적으로 도입하는 최초의 길잡이를 제공했다고 말해도 좋을는지 모른다.

태국의 금융회사

태국도 비슷하다. 한때 93개사를 헤아린 금융회사(nonbank) 중 경영 위기를 겪지 않은 35개사를 제외한 58개사에 대해 중앙은행인 태국국립은행은 업무정지를 명했다. 그 중 2개사만 살아남고 나머지 56개사에 대해서는 드디어 1997년 12월 초 해산 또는 폐업이라는 조치가 내려졌다.

이러한 금융회사의 난립 사태도, 실은 태국 금융시장 자체의 구조가 국제상식과는 상당히 다르게 발전하거나 움직인 결과라고 해도 틀림없다. 1993년 태국 정부가 도입한 금융 자유화에도 불구하고, 태국 정부는 외국은행의 영업지점 개설에 관해서는 여전히 엄격한 규제대상으로 삼고 있었다. 그 결과 외국은행이 태국에 진출하고자 하면 우선 정부가 자유화를 인정하고 있는 역외금융시장에 진출해 거기에서 실적을 올려야 태국에서 본격적인 영업활동을 할 수 있었다. 그러자 역외금융시장에서 거액의 자금을 조달한 금융회사가 난립해 결과적으로 거품을 발생시키는 근원을 제공하는 역할을 한 것이다.

따라서 철저한 합리화를 금융시장의 체제변혁, 즉 금
융시장의 개혁에 도입하는 것이 위기를 벗어나는 길임과
동시에 태국 정부로서는 선택의 여지가 없는 과제로서
인식되어 잇달아 구체화되었다.

위기극복에 필요한 시간과 서민의 희생

그렇다고 해도 동아시아 전역을 덮친 경제위기는 결코
단순한 경기순환의 산물이 아니다. 각 나라에 따라 사정
이 약간씩 다르기는 해도, 대단히 심각한 구조위기가 깊
게 뒤엉켜 있는 만큼 본격적인 위기극복을 위해서는 많
은 시간과 희생, 그리고 노력이 요청되는 것이다.

특히 국민에게 실업과 인플레이션이라는 이중의 부담
을 강요하는 것은, 각 나라의 정치체제에서 볼 때 대단
히 냉혹한 시련을 뜻한다.

솔직한 표현을 쓰면, 동아시아 경제활동의 주역인 대
기업 소유자, 경영자, 그리고 농촌의 농지 대부분을 한
손에 쥔 대지주는 경제위기를 비교적 용이하게 피할 수
있었다. 예를 들면 자국통화의 대외환율이 급락하면 자
국통화로 표시되어 있는 금융자산을 금융시장·증권시장
에 투매해서 얻은 거액의 자국통화를 외환시장에서 매각

해 더욱 가치가 안정된 외국통화로 교환한다. 이렇듯 그들은 자신의 자위조치를 비교적 용이하게, 과감하게 행사할 수 있었다. 그들의 경영능력이나 재산방어력의 강력한 일면을 엿볼 수 있다.

어느 나라에서건 그렇겠지만, 특히 이처럼 심각한 경제위기가 진전되면서 가장 큰 피해를 입는 부류는 빈민층, 특히 노동력밖에 가진 것이 없는 도시 주민이나 농촌에서 농지를 갖지 못한 소작농이다. 그들에 대한 구제조치, 예를 들면 실업보험 같은 제도도 선진국에서는 완전히 정착되어 있지만, 한국·대만의 2개국을 제외하면 어느 나라에도 존재하지 않는다. 이러한 사정으로 미뤄 볼 때 동아시아, 특히 동남아시아에서는 이 위기의 진행과 함께 빈부격차가 더욱 커져 매우 심각한 사회문제로 등장할 것으로 봐도 틀림없다.

자동차를 보유할 수 없다

비교적 동남아시아보다 발달한 국가인 한국에서도 일반서민의 생활은 대단히 심각하다. 예를 들면 휘발유 값이 1ℓ에 800원대에서 1,000원대, 다시 1,200원대로 상승하고 있다. 아울러 1997년 6월 드디어 승용차 보유대수 1,000만 대를 돌파한 「자동차 대국」 한국에서는 일반

서민이 자가용을 보유한다는 사실 자체가 이제는 대단히 무거운 부담으로 다가오고 있다. 그 결과 서울을 중심으로 한 중고차 시장에서는 매물이 쇄도해 중고차 판매업 자는 신규구입을 중단한 채 안고 있는 중고차 재고처분에 전력을 기울일 수밖에 없게 되었다. 이 같은 현상은 태국 같은 동남아시아 국가에서도 비슷한데, 방콕을 중심으로 중고차 판매점에서는 수천 대, 수만 대의 재고를 안고 있다.

더구나 지금까지 자동차 대출(loan)에 의지해 승용차를 판매해온 판매회사는 대출 상환이 연체되면 판 차를 회수해 자신의 차고에 집결해놓지 않으면 채권 확보가 안 되는 상황에 직면했다. 이렇게 방대한 중고차의 재고가 이번에는 승용차 딜러에게 집중되는 것으로 전해진다.

결과적으로 동아시아 전역에 걸쳐 승용차를 중심으로 한 내구소비재의 판매량은 대폭 축소되었다. 일본으로의 승용차 수출도 1997년 11월에는 전년 같은 달에 비해 92%나 감소되었다. 즉 1996년 실적의 단지 8%로 추락하는 사태가 생긴 것이다.

이렇게 소비가 더욱 위축되면 결과적으로 위기 회복의 시기가 늦어지게 마련이다. 즉 현재 위기가 장기간 진행된다는 것은 의심의 여지가 없다.

3 중국의 위기
경제위기가 정치위기로 바뀐다

경제위기가 파급된다

이미 언급했듯이 중국은 개혁·개방의 결과 국내에서의 방대한 과잉투자와 그에 따른 기업경영 악화, 그리고 금융시장에서의 대량 불량채권 누적이라는 사태에 직면했다.

1997년 본격화되어 한층 더 심화되고 있는 동아시아 경제위기와 비교하면 어느 정도 상황이 늦게 전개되었다고는 해도, 1998년의 중국 경제에도 본격적인 경제위기의 영향이 미치고 있다고 보아야 한다.

제5장에서 언급한 대로 중국 정부, 즉 중국공산당 최고지도자들도 이 사실을 충분히 납득하고 있다. 뿐만 아니라 1997년 11~12월 말까지 수도 베이징에서 열린 일련의 「공작회의」는 그들의 위기감이 날마다 강해지고 있다는 사실을 반영하고 있다. 공작회의에서는 각 분야에서의 이러한 위기 도래가 필연이라는 판단을 내렸다. 이

에 따라 경제정책의 입안과 운영을 담당하는 중앙정부는 물론, 경제활동의 주역인 국유기업의 경영자를 포함해 대회의의 형태로, 중국이 지니고 있는 최대한의 지혜를 모아 대응책을 강구하고자 하는 노력을 보여주었던 것이다.

물론 1997년 9월의 제15차 당대회에서 결정한 기본노선, 즉 「국유기업의 정리정돈」을 위해 「주식회사화」를 본격적으로 진행시키는 정책은 연말에 열린 일련의 공작회의에서도 기본노선을 기반으로 대응책을 강구하자는 결론을 이끌어낸 바 있다.

중국에서는 공산당대회가 5년에 한 차례씩 열린다. 이 자리에서는 다음 5년 간 중국의 모든 행동, 즉 정치·경제·외교·군사·교육 등 국가를 운영하는 기본노선을 전 분야에 걸쳐 규정하는 결론을 정한다. 1997년 11월~12월 말에 걸쳐 열린 공작회의도 그것에 의거해 결론을 이끌어낸 것은 말할 필요도 없다.

사회복지의 재원을 어디에서 구할까

중국은 12억이라는 방대한 인구를 갖고 있으며, 그 인구의 8할 이상인 10억을 넘는 인구가 농촌생활을 하고 있다. 이러한 조건에서 발생한 방대한 실업자는 그대로 농촌경제, 특히 농가의 생계를 파괴하는 큰 요인으로서 중국공산당 지도자에게는 중대한 과제 가운데 하나가 아닐 수 없다.

중국에서는 오랜 세월 동안 국유기업에 일단 취직하면, 「철(鐵)의 완(碗)」(전원에게 밥을 보장하는 시스템의 중국어 표현)이 제공되어 문자 그대로 요람으로부터 무덤까지 한평생 생활의 보살핌을 국유기업에서 봐주는 시스템이 정착되어왔다.

국유기업의 주식회사화는 기업 내에서 이러한 사회보장제도를 운영하는 시스템을 포기하고 국유기업 원래의 활동, 즉 경제활동에 총력을 집중하는 시스템을 도입하는 것이다.

말하자면 이러한 국유기업 분해는, 국유기업이 지금까지 해온 사회복지제도의 운용을 이번에는 국가가 부담한다는 의미만이 아니다. 그것은 동시에 중국의 뒤떨어진 사회복지제도 자체를 중국 전국토에 공통된 과제로서 본격적으로 건설하고 운영하는 새로운 시스템의 도입을 뜻하고 있다.

그것을 실행하기 위해 중국이 해결해야 할 최대 과제는 새로운 사회복지제도 도입에 필요불가결한 거대한 투자재원을 확보하는 일이다.

이를 위해 시급히 취해야 할 조치는 우선 본격적인

「징세기능」의 정비다. 그러나 현재 중국에는 국세를 독자적으로 징수하는 중앙정부의 징세기구가 존재하지 않는다. 각 성·청과 지방행정조직을 운영해나가기 위한 지방세를 징수하는 징세기구는 각 지방에 존재한다. 지금처럼 각 지방행정단위인 성이 징수한 세의 일부를 국세라고 하여 중앙정부에 납입하는 시스템을 취하고 있는 한, 본격적인 사회복지제도의 도입에 필요한 재원인 세금을 중앙정부 스스로 확보하는 것은 대단히 어렵다고 볼 수 있다. 그뿐만 아니라 이러한 지방행정조직에 의존한 징세 시스템은 지방과 중앙과의 주도권 다툼으로 이어져 중앙정부를 현저하게 불리한 상황으로 몰아넣는 요인이 되고 있다.

중앙정부의 지도력 저하

달리 말해 멀리 떨어진 베이징 중앙정부를 위해 국세를 자기 행정구역 안에서 부지런히 징수해 정직하게 중앙의 베이징 정부에 납입하는 지방행정조직의 행정관은 중국 어디에도 존재하지 않는다.

중앙정부가 규정한 세제와는 별도로 각 지방행정기관은 자기 행정구역에서 활동하는 기업에 대해 극력 부과금을 징수하고 있다. 이를 통해 사실상 대폭적인 세의 증수를 꾀하려는 것이 지방행정조직을 담당하는 행정관, 즉 당간부들의 발상이라고 해도 틀림없다.

물론 이런 방식을 방임해두면 중앙정부의 위신이 추락할 뿐만 아니라 중앙정부의 세 징수기구, 그리고 행정조직 자체의 운영에 관한 통일적인 권위가 소멸해 결국 중국은 자연스럽게 분열상태로 전락할 것이다. 그 때문에 베이징 중앙정부의 지도자들은 이러한 지방단위 부과금 도입과 징수에 엄격한 조치를 취해야 한다는 주장을 관철시켜 금지령을 몇 차례 공포했지만 그 효과는 전혀 나타나지 않았다.

그러한 배경에는 개혁·개방정책이 가져온 중앙의 지도력 저하라는 냉엄한 현실이 존재한다. 개혁·개방이 진행되면 중앙정부는 잇달아 지방행정조직에 대한 지도권이나 통제권을 잃게 마련이다. 이것은 어쩔 수 없는 일이다. 개혁·개방의 진행은 그대로 지방정부의 독자적 경제운영, 독자적 경제성장노선의 진행을 가져온다고 보아도 틀림이 없다. 또한 당중앙의 통제력을 약하게 만드는 결과를 가져온다는 점은 이제 의심의 여지가 없다.

경제위기의 파급

제5장에서 지적한 대로, 중국에는 방대한 과잉생산능

력이 존재한다. 그 결과 경제활동 전체의 합리성이 떨어지고 엄청난 가격파괴가 전 분야에서 발생해 확대해나갔다. 그것은 또한 국유기업을 중심으로 경제체제 간의 극심한 공격과 경쟁을 낳았다.

이러한 상황 속에서 중국공산당 수뇌부는 문제 해결을 위해 경제활동의 중핵이었던 국유기업을 재건하고 합리화하기 위한 자금원을 주식회사화의 조치로 기대했던 것이다. 그러나 1997년 동아시아에 본격화된 경제위기의 폭발로 인해 일시에 물거품이 되었다.

다시 한번 지적하지만 이 경제위기는, 중국으로서는 개혁·개방 도입에 따른 경제성장의 산물이다. 즉 수출에 의존해 중국의 경제성장을 추진해나가는 노선의 산물이라고 하지 않을 수 없다. 그 결과 중국의 무역수지는 매년 흑자를 유지하고 있다. 특히 대미 수출에서는 일본을 훨씬 능가하는 거액의 무역흑자를 기록했으며, 이것이 중국 경제성장에 일종의 재원 역할을 하고 있다. 이것은 당연히 동아시아에 대한 중국의 입지 강화를 뜻하기도 한다.

중국공산당의 위기

중국공산당은 1997년 9월 제15차 당대회에서 국영기

업의 재건에 전력을 기울여 중국의 경제위기를 극복하고
자 하는 노선을 향후 5년 간 중국 경제정책의 기본으로
삼을 것을 결정했다. 이 노선은 중국공산당이 과거에 취
해온 개혁·개방정책을 더욱 지속한다는 의미다. 또한
중국 경제가 직면해 있는 심각한 위기를 극복하려면, 낙
후된 경영체질 때문에 무한히 적자가 누적되는 체질에서
벗어나 국영기업의 합리화를 가장 중요한 정책목표로 삼
을 수밖에 없다는 절박한 판단에 입각한 것이다. 이 자
세도 충분히 이해될 수 있다. 이 노선을 도입함으로써
중국공산당은 경제부문에 대한 자신의 권력기반을 포기
하는 결단을 보였다고 말할 수 있다. 그런 만큼 중국 정
부 수뇌부는 공산당 내부에 강한 반대나 저항하는 세력
이 있더라도 이 노선의 도입을 단호히 추진하지 않으면
안 되는 과제로 인식하고 있다.

　이 노선을 구체적으로 실천하기 위한 최선의 방안은
홍콩을 이용하는 것이다. 국영기업을 주식회사로 변경하
고, 그 주식을 홍콩 증권시장에서 매각한 대금으로 입수
한, 교환가능한 홍콩 달러를 국영기업의 합리화 투자의
재원으로 삼으려는 계획이 이번 통화위기 때문에 그대로
노출되었다. 1997년 7월 주권반환 이후 1국 2체제 원칙
에 따라 통치되고 있는 홍콩의 정세를 살피건대, 이것이

반드시 홍콩의 경제적 번영을 보증하는 것은 아니다. 오히려 중국 정부 수뇌부는 홍콩의 경제적 번영을 희생하더라도 중국 경제의 위기탈출을 중시하는 정책을 의식적으로 도입하려 할 것이다. 이런 사실을 새삼 강조해두고 싶다.

불법행위에 열중하는 지방

그것만이 아니다. 중국의 경제위기가 드디어 폭발하는 사태가 도래하면, 그것은 반드시 대량 실업자를 도시뿐만 아니라 농촌 쪽에서도 발생시킨다. 직장에서 밀려나 수입을 잃으면 그들은 자신의 생명을 지키기 위해 그야말로 법질서를 무시한 행동에 매달리게 된다. 단적인 표현을 쓰면, 집단강도가 중국 전역에 걸쳐 일제히 발생하는 사태는 불가피할 것으로 보인다.

지금도 중국의 농촌에서는 자동차 도로를 막고는 대도시로부터 떠나온 사람들의 버스를 멈춰 세워 승객을 강제로 내리게 하고, 작은 음식점에 데리고 들어가 지역 시세의 몇 배쯤 되는 가격으로 음식을 강요하는, 말하자면 일종의 「통행세」를 징수하는 경우가 도처에서 일어나고 있다.

이것은 농촌에서 생활하는 가난한 농민이 급속히 부유

해져 가는 도시 주민에 대한 일종의 보상심리에서 일어
난 자연발생적 행동이다. 이러한 사태에 대해 중앙정부
의 경찰당국이나 각 지방 행정조직은 아무런 대응책도
강구하지 못하고 있다. 이와 유사한 일이 지금 중국 도
처에서 일어나고 있다. 이 때문에 중국에서는 운송업자
의 경영난이 심각한 상태다. 트럭에 화물을 싣고 1,000~
2,000km 정도 장거리를 수송하는 경우, 트럭 운전사는
이런 농촌의 「관문」을 빠져나가기 위한 통행료 지불에
응하지 않을 수 없다. 만약 이를 거부할 경우 트럭은 언
제까지나 거기에 구류되고 목적지에 도달하는 것은 불가
능해지고 만다. 더구나 그 통행료가 날마다 올라가고 있
다고 하면, 그야말로 중국에서는 장거리 운행이 완전히
불가능한 상태라고 말하지 않을 수 없다.

　중국은 사실상 분열상태에 빠졌다. 앞에서 거론한 대
로, 광저우에서는 프랑스의 유력 자동차 회사인 푸조가
마침내 자본을 포기하고 철수하는 사태가 발생했다. 그
최대 요인 중 하나는 이 광저우 푸조에서 생산한 승용차
를 인접한 후난성(湖南省), 푸젠성(福建省), 광시(廣
西) 자치구에 갖고 들어갈 경우 각 지방행정조직이 광둥
과의 경계선에서 고액의 「부과금」을 안겨 각 성의 자동
차공장에서 생산되는 승용차 판매시장을 철저히 보호하

는 조치를 강구한 결과이기도 한다. 이것은 승용차에만 제한된 것은 아니다. 내구소비재, 즉 컬러 텔레비전·에어컨·냉장고·세탁기 등을 비롯해 섬유제품과 기타 소비재에 대해서도 해당된다. 결과적으로 중국 국내시장은 한 단위로서 성립하는 것이 아니라 각각의 성마다 분열된, 즉 26개의 소규모 시장으로 쪼개지는 결과를 낳았다.

내전의 위기

이에 대해 베이징 중앙정부는 아무런 조치도 강구할 수 없었다. 만약 각 성 단위로 분열된 국내 시장을 단일화하려 하거나 적어도 각 성의 경계에서 다른 성의 제품에 대한 고액의 부과금을 적법한 시스템으로 용인하지 않고 강력히 저지하려면, 이러한 조치를 취하고 있는 성에 무장 인민해방군 부대를 출동시켜 본격적으로 대항할 수밖에 없다.

이것은 사실상의 내전과 같은 무장충돌의 위험을 안고 있는 비상 조치에 다름 아니다. 농촌에서 상하이와 광둥 등의 경제특구, 이른바 객지벌이에 나오는 「민공조(民工潮)」라고 불리는 실업자 수도 이미 6,000만 명을 훨씬 넘어 1억 명 수준에 가깝다. 중국에도 경제위기가 본격화되고 전면적으로 공장 폐쇄가 시작되면, 국유기업에서

배출된 대량 실업자가 이 민공조와 합세해 그야말로 중
국 전국토에 걸쳐 소요사태가 발생할 위험은 충분히 존
재한다고 할 것이다.

　이 사태가 중국공산당 일당 지배체제에 위험할뿐더
러, 중국 전체의 통일을 위협하는 새로운 움직임으로 이
어지리라는 것은 새삼스레 지적할 필요도 없다. 그것이
언제 발생할까? 어떠한 형태로 전개될까? 그 예측은
대단히 어려우며, 단지 그 가능성을 지적하는 선에서 그
치는 것이 가장 현명할 듯싶다.

일본 진출기업은 어떻게 대비해야 할까

　어떻든 이 문제는 중국공산당 지도자만이 관계 있는
과제가 아니다. 혹시 중국 전국토를 뒤덮는 「소요사태」
가 심각한 경제위기와 함께 일제히 폭발한다면, 현재 중
국에 체재하는 수만 명의 일본인 생명은 어떻게 보장할
것인가? 이는 일본 정부나 국민이 직면할지도 모를, 대
단히 곤란한 과제임에 틀림없다.

　나는 오래 전부터 중국에 진출하는 일본 기업경영자에
게 경고해왔다. 이러한 사태는 충분히 일어날 수 있는
것이다. 거기에 대응하는 유일한 대책은 되도록이면 국
제항공 노선이 발착하는 중국 대도시 가까운 곳에 일본

인 종업원을 배치해 그들에게는 예약이 필요 없는 오픈 항공권을, 그것도 되도록이면 국제항공회사가 발행하는 항공권을 지급해 비상사태가 발생할 경우 생명의 안전을 최우선 과제로서 대응하지 않으면 안 된다.

물론 중국에 주재하는 일본인 종업원의 대부분은, 그들에게 주어진 임무로서 일본의 투자로 설립된 합자기업이나 단독진출 기업의 운영을 담당해야 한다. 그러나 현실적으로 중국의 경제위기가 폭발하면 그러한 투자 보장이 명확히 확보된다고 말할 수 없다. 그 때에는 투자 전부를 희생하더라도 우선 파견 나온 일본인 종업원 생명의 안전을 최우선으로 생각하고 위기에 대응하는 결단을 중국에 진출한 일본 기업경영자에게 우선 촉구하고자 한다.

대미 달러 연동제 붕괴가 위기폭발의 계기

이런 사태는 결코 먼 세계의 이야기가 아니다. 내 판단으로는, 본격적인 위기가 폭발하는 시기는 아마 1998년 봄 이후일 것으로 예상된다. 그 최대 이유는 우선 홍콩 달러의 대미 달러 환율연동제가 머잖아 붕괴될 것이라는 판단 때문이다.

홍콩 달러의 대미 달러 연동제가 붕괴되면, 금세 홍콩 경제의 대혼란으로 이어질 것이다. 따라서 홍콩을 창구로 한 중국과 세계시장과의 결합에 중대한 지장이 생기는 것도 새삼스레 지적할 필요조차 없다. 사태가 이렇게 되었을 때, 이것이 계기가 되어 중국 전국토에 걸친 위기의 폭발로 이어질 가능성을 충분히 인식해두지 않으면 안 된다.

홍콩 달러의 대미 달러 연동제 붕괴가 위기의 신호로서 크게 대두될 것으로 나는 확실히 믿고 있다. 적어도 일본의 기업경영자, 특히 중국으로의 진출을 계획하거나 이미 진출한 기업경영자들은 이러한 메커니즘을 절대로 무시해서는 안 된다.

후 기

　이 책을 정리한 뒤에도 동아시아 경제위기의 심각성은 우리의 상상을 훨씬 뛰어넘어 진행되고 있다. 한국을 보더라도, 이제 본격적인 구조조정이 시작된다. 외환위기를 조금이라도 완화하기 위해 한국 국민은 자발적으로 자신들의 금제품을 은행에 갖고 가 그것을 용해·정련한 금괴를 국제금시장에 매각해 달러로 교환하고 있다. 그것을 재원으로 경제활동, 국민생활에 필요불가결한 각종 원료·원유 등 에너지를 수입하지 않으면, 그다지 머잖은 시기에 한국에서는 휘발유·등유 등 석유제품의 공급조차 두절되는 위험에 직면할 것이다.

식량을 보더라도 한국 국민은 식량위기에 처한 북한 동포를 도우려는 노력을 계속해왔지만, 이젠 한국 국민 자신이 자급할 수 없기 때문에 해외에서 곡물을 대량 수입해야 하는 곤경에 빠졌다. 한국의 식량공급을 확보하기 위해 드디어 미국 정부는 농무부의 수출보증기금 10억 달러를 제공해야 했다. 기아에 괴로워하는 북한동포를 돕기는커녕 한국 국민이 오히려 식량부족 위기에 빠진 것이다. 이 위기에 직면한 한국은 필사적으로 경제체제를 개혁하지 않으면 안 된다. 이 개혁에 실패한다면 국제사회의 지원조건을 충족할 수 없을 것이다.

상상할 수 없을 정도로 심각한 영향이 국민 한 사람 한 사람에게까지 미치는 경제위기의 심각성을 일본 사람들은 새삼 인식할 필요가 있다.

일본에서는 그리 알려지지 않은 동남아시아 각국도 마찬가지다. 인도네시아에서는 정치불안과 결부되어 경제위기의 어두운 그림자가 국민의 생활을 무겁게 짓누르고 있다. 수도 자카르타를 포함해 주요 도시의 슈퍼마켓에서는 설탕 등 보존 가능한 식료품이 완전히 종적을 감춰버렸다. 루피아화의 대외환율 급락에 따라 산유국이면서도 가솔린 등 석유제품 가격이 급등했고, 동시에 전력·가스 요금을 비롯해 버스 등 공공 교통기관의 요금마저 일제히 대폭 인상되었다. 이런 영향으로 국민생활의 심각한 파탄은 당연히 정치불안으로 이어지고, 이는 곧 사회불안을 유발할 것이다. 이렇듯 1998년의 아시아 정세는 한층 더 심각한 위기로 치달을 것으로 보인다.

이 책은 아시아의 경제위기가 발생한 이유와 배경을 나름대로 분석한 것이다. 이 분석이 읽는 분들에게 많은 참고가 된다면 더 바랄 것이 없다. 끝으로 이 책의 기획·집필에 큰 도움을 준 동양경제신보사 출판국과 오카와 씨에게 감사를 드린다.

하세가와 게이타로

□저자□하세가와 게이타로

1927년 교토에서 태어나 오사카대학 공학부를 졸업했다.
신문기자, 증권분석가를 거쳐 현재 다채로운 평론활동을 하고 있다.
1973년 오일쇼크에 대한 예측으로 국제적으로 호평을 받았으며
그후에도 세계의 정치·경제·국제정보에 대한 정확한 분석을 제시하여
국제적인 이코노미스트로 활약하고 있다.
주요저서로는 《일본은 이렇게 변한다》, 《세계는 이렇게 변한다》
《21세기가 보인다》, 《세계가 일본을 모방하는 날》,
《초 가격파괴시대》, 《성공의 기억을 버려라》

□역자□이중호

1948년에 태어나 한국외국어대학 무역학과를 졸업했다.
대일경제비즈니스 컨설턴트로 활약하면서
멀티미디어 디지털관련 대일수출을 전문으로
노무라연구소 등 일본 유수연구소와 거래하고 있다.
현재 마루리전기통상(주) 대표이사로 있다.

•

아시아의 비극

•

지은이 / 하세가와 게이타로
옮긴이 / 이중호
펴낸이 / 박용정
펴낸곳 / 한국경제신문사
등록 / 제2-315(1967. 5. 15)
제1판 1쇄 인쇄 / 1998년　5월 10일
제1판 2쇄 발행 / 1998년　6월　5일
주소 / 서울특별시 중구 중림동 441
출판팀 / 3604-553~8
출판판매팀 / 3604-595~7
FAX / 360-4599

•

* 파본이나 잘못된 책은 바꿔 드립니다.
ISBN 89-475-2242-2

•

값 7,500원

강대국의 흥망

폴 케네디 著
李曰洙·全南錫·黃建 共譯
〈양장 / 628면 / 13,000원〉

역사학자이자 미국 예일대 교수인 저자는 이 책에서 지난 5세기 동안에 전개되었던 강대국들의 흥망성쇠는 그들의 경제력과 군사력의 변화 추이에 의해서 좌우되어 왔다고 진단하면서 앞으로 다가오는 21세기에는 미국·소련·서유럽 등의 쇠퇴와 중국·일본 등 아시아 강국들의 부상을 예언하고 있다. 〈뉴욕타임스 선정 최우수 도서〉

21세기 준비

폴 케네디 著
邊道殷·李曰洙 譯
〈양장 / 500면 / 11,000원〉

우리에게 충격을 던졌던「강대국의 흥망」저자 폴 케네디 교수가 다가올 21세기 문명세계의 각종 위기를 명쾌히 분석·정리한 力著. 이 책은 향후 30년 사이 우리에게 닥칠 도전들과 그 대응방법 그리고 인구폭발, 환경오염, 생물공학, 로봇, 통신수단, 가공할 파워의 양태 등을 특유의 통찰력으로 분석·예견하고 있다.

메가트렌드 2000

존 나이스비트 외 共著
金弘基 譯
〈양장 / 444면 / 9,800원〉

90년대는 정치개혁과 경이적인 기술혁신 등으로 인류에게 지금까지와 전혀 다른 변화양상을 안겨줄 것이다. 이 책은 90년대의 변화로 경제호전, 예술의 번영, 시장사회주의의 출현, 복지국가의 쇠퇴 등, 과거 어둡고 비관적인 세기말적 변화보다는 밝고 새로운 흐름을 부각시키고 있다.

메가트렌드 아시아

존 나이스비트 著
홍수원 譯
〈양장 / 402면 / 9,500원〉

미래예측가로 세계적 명성을 떨치고 있는 나이스비트는 21세기에는 아시아가 미국주도의 상품과 소비시장에 가장 중요한 경쟁자로 떠오를 것으로 내다보고 현재 역동적으로 변화하는 아시아의 모습을 8가지 트렌드로 분석했다. 특히 아시아와 세계라는 맥락 속에서 한국에 나타나고 있는 폭넓은 변화들을 살펴보고 한국이 아시아에 기여할 수 있는 방안도 짚고 있다.

20세기를 움직인 思想家들

기 소르망 著
姜偉錫 譯
〈신국판 / 426면 / 8,000원〉

20세기 사상계에 결정적인 영향을 끼친 사람들은 과연 누구인가? 프랑스의 저명한 경제학자이자 사회학자인 기 소르망이 29명의 생존해 있는 현대 최고의 사상가들과 직접 인터뷰를 통해 그들 자신이 선택한 분야에 전생애를 바친 사상과 사색의 놀라운 통찰을 기록·정리한「살아있는 도서관」.

資本主義 종말과 새 世紀

기 소르망 著
金廷銀 譯
〈양장 / 628면 / 13,000원〉

세계적인 석학인 저자는 자본주의 체제를 위협하는 것은「도덕적 불만」과「자본주의에 대한 몰이해」라고 주장하고 러시아·중국·독일·인도 등 20여개국의 자본주의의 현재 모습을 생생히 그리고 있다. 또한 현재의 자본주의의 위기를 극복하기 위한 구체적인 실천방안에 대해서도 통찰하고 있다. 방대한 분량인데도 르포형식이어서 전혀 지루하지 않다.

미래기업

피터 드러커 著
高柄國 譯
〈양장 / 416면 / 9,500원〉

우리 시대의 가장 뛰어난 사회·경영학자이자 미래학자인 드러커의「변혁시대 기업생존전략 연구서!」이 책은 세계경제가 빠르게 바뀌어 감에 따라 기업의 새로운 생존 경영전략 모델, 즉 기업이 살아남기 위한 5가지 변화조건을 예리하게 분석·고찰했다. 특히 사회·경제학 시각에서 세계경제 흐름을 통찰한 力著.

자본주의 이후의 사회

피터 드러커 著
李在奎 譯
〈양장 / 328면 / 7,000원〉

사회주의권의 급격한 몰락 이후 탈냉전 분위기가 고조되고 있는 시점에서 향후 세계 변화가 주요 관심사로 떠오르고 있다. 저자는 이 책에서 향후 세계는 자본주의적 시장구조와 기구는 그대로 존속되겠지만 주권국가의 통제력은 약화되고 전문지식을 갖춘 지식경영자 중심의 글로벌화 사회가 될 것으로 예측하고 있다.

미래의 결단

피터 드러커 著
이재규 譯
〈양장 / 408면 / 9,000원〉

현대 경영학의 대부, 피터 드러커는 이 책에서 「스스로를 다시 생각함으로써 회생할 수 있다」고 전제하고 기업의 5가지 치명적 실수, 가족기업을 경영하는 규칙, 대통령을 위한 6가지 규칙, 새로운 국제시장의 개발, 3가지 종류의 팀조직, 오늘날 경영자들이 필요로 하는 정보 등 바람직한 미래를 실현하기 위한 방안을 제시했다. 21세기를 위한 새롭고 시의적절한 경영지침서.

비영리단체의 경영

피터 드러커 著
현영하 譯
〈신국판 / 406면 / 8,000원〉

선진국에서는 학교, 자선단체 등 비영리단체의 경영혁신이 선풍을 일으키고 있다. 이 책은 필자가 교수생활을 하면서 비영리단체에서 봉사했던 경험을 바탕으로 조직관리, 예산 등 경영전반에 대한 문제점을 심도있게 분석하고 개선방안을 제시했다. 전문가들과의 대담을 통해 경영의 효율성을 높이기 위한 여러가지 방안이 눈길을 끈다.

트러스트

프랜시스 후쿠야마 著
구승회 譯
〈양장 / 500면 / 12,000원〉

한 나라의 경제는 규모만으로는 설명될 수 없고 문화적 요인이 중요하다. 이 문화적 요인이 사회적 자본이며 가장 중요한 덕목이 바로 신뢰다. 저자는 이 책에서 개인주의, 가족주의에 기반을 둔 저신뢰 사회의 특성을 혹독하게 비판하면서 건강한 사회가 되려면 공동체적 연대와 결속의 기술을 터득해야 하며 신뢰는 경제와 사회, 문화를 아우르는 놀라운 가치라고 강조한다.

코피티션

배리 J. 네일버프·아담 M. 브란덴버거 著
김광전 譯
〈양장 / 384면 / 9,000원〉

비즈니스 게임은 끊임없이 변하므로 전략도 당연히 변해야 한다. 경쟁(competition)과 협력(cooperation)에 관한 과거의 법칙들을 넘어서서 양자의 장점을 결합한 코피티션 전략은 기존의 비즈니스 게임을 혁신할 혁명적인 신사고다. 저자들은 게임 자체를 변화시켜서 이득을 최대화하는 방법을 보여주는 5가지 요소(전략의 PARTS)의 비즈니스 전략을 체계적으로 제시했다.

지구의 변경지대

로버트 케이플런 著
황건 譯
〈양장 / 582면 / 12,000원〉

베일에 가려져 있던 서아프리카에서 중동을 거쳐 러시아의 외곽지대인 중앙아시아, 중국, 인도를 거쳐 캄보디아, 태국, 베트남에 이르는 대장정을 끝내고 저자가 내린 결론은 한마디로 암울하다는 것이다. 이 책은 저자가 새로운 분쟁지역으로 떠오르고 있는 지구 곳곳을 다니면서 문제점을 지적하고 혼란에 빠진 이들에게도 따뜻한 시선을 보내자고 제안하고 있다.

회사인간의 흥망

앤소니 샘슨 著
이재규 譯
〈양장 / 490면 / 9,800원〉

이 책은 17세기 동인도회사에서 현재의 마이크로소프트사에 이르기까지 기업의 변화과정과 직장인들의 문화변천사를 통해 회사인간이란 무엇인가를 규명했다. 생생한 인물묘사와 인터뷰, 사례를 곁들이면서 전혀 도전받을 일이 없을 듯이 보였던 「기업관료들」이 어떻게 레이더스, 모험기업가, 일본의 경쟁자들, 컴퓨터, 여자 회사인간들에 의해 차례차례 공격당했는가를 밝히고 있다.

금융시장 예측

김성우 著
〈양장 / 452면 / 12,000원〉

주식, 금리, 상품 등의 현물시장은 물론 선물 및 옵션 등의 파생상품시장에서도 생존할 수 있는 방법을 다양하게 제시하고 있다. 20여년간 외환시장 등 다양한 시장에서 딜러, 투자가, 분석가로 활동하며 풍부한 현장경험을 가지고 있는 저자가 시장상황에 따른 기술적 지표의 요령과 심리적 동요의 극복방안을 현장사례 중심으로 상세히 설명하고 있다.

21세기 중국

박정동 編著
〈양장 / 362면 / 9,000원〉

덩샤오핑이 사망함에 따라 곳곳에서 그 기반이 흔들리는 조짐이 나타나고 있다. 그의 체제를 이어받은 장쩌민 체제는 안정과 성장을 지속시켜 나갈 수 있을까. 과연 중국은 어떻게 변할 것인가. 아시아의 안정과 발전을 저해하는 군사대국으로 비화할 가능성이 큰 중국의 현재와 미래를 철저히 진단한 중국탐구서.

팝 인터내셔널리즘

폴 크루그먼 著
김 광 전 譯
〈신국판 / 276면 / 7,000원〉

산업위축과 실업증가, 실질소득 향상의 둔화를 비롯해 소득격차의 확대, 산업시설의 유출 등 선진 경제가 지닌 문제점을 상세히 분석하고 그 원인이 개발도상국과의 교역에 있는 것이 아니라 선진국의 산업구조 변화와 기술발전에 있다고 밝히고 있다. 레스터 서로에 필적하는 20세기 최고의 40대 경제학자인 저자가 지적하는 개도국 성장 비결은 우리에게 시사하는 바가 크다.

2020년

해미시 맥레이 著
金光田 譯
〈양장 / 408면 / 9,000원〉

다양한 인종만큼이나 상이한 정치·경제체제와 독특한 문화양식을 지니고 있는 세계 각국은 저마다의 주무기를 앞세워 미래를 설계하고 있다. 경제평론가인 저자는 앞으로 국가경쟁력을 결정짓는 요인은 기술이 아니라 문화라고 강조한다. 현재 세계 각국이 처해 있는 상황을 바탕으로 치밀하게 전망한 2020년경의 세계 각국의 모습에서 우리의 진로는 어떻게 모색해야 할 것인가?

제 4 물결

허먼 메이너드 2세
수전 E. 머턴스 共著
韓榮煥 譯
〈양장·4×6판 / 240면 / 5,000원〉

21세기의 범세계적 기업을 위한 낙관적 비전을 제시하고 있는 이 책은 한마디로 앨빈 토플러의 《제3물결》을 넘어 장기적 미래의 비전에 집중하고 있다. 지금 우리가 공업화를 상징하는 「제2물결」에서 탈공업화적인 「제3물결」로 전이하고 있지만, 머지 않은 곳에서 새로운 차원의 「제4물결」이 밀려오고 있다고 진단하고 있다.

株式市場 흐름 읽는 법

浦上邦雄 著
朴承源 譯
〈신국판 / 200면 / 4,000원〉

언뜻 보기에 무질서하고 예측이 불가능해 보이는 주식시장도 장기적으로 보면 특정한 네 개의 국면을 반복하고 있다는 것을 알 수 있다. 이 책은 이 네 개의 국면이 어떤 요인에 의해 순환되고 각각의 국면에서 어떤 종목이 활약하는가를 숙지할 수 있는 안목을 제시해주고 주식투자시 리스크를 피하는 방법에 대해서도 설명하고 있다.

유머人生 1~6

韓國經濟新聞社 出版部 編
〈4×6판 / 244면 / 4,500원〉

많은 독자들이 1980년 12월부터 본지에 연재되고 있는 「海外유머」를 책으로 출판했으면 어떨지, 그런 계획은 없는지 물어왔다. 이 책은 독자들의 그러한 성원에 보답하자는 취지로 출판되었으며 우스갯소리 가운데서 인생의 묘미도 느끼고 영어공부도 할 수 있게끔 어려운 단어나 語句에는 주석을 달아 독자들의 이해를 돕고자 노력했다.

성공적인 점포경영 33選

류광선 著
〈신국판 / 368면 / 9,000원〉

5,000만원 정도의 소자본으로, 심지어 무자본으로도 사업을 시작할 수 있는 아이디어를 담았다. 저자가 현장을 발로 뛰면서 바로 개업하기에 유망한 33개 업종을 선별, 입지선정부터 개업절차·경영 비법까지 최신 노하우를 총집결시켰다. 경영 지침이나 사업의 성패진단법은 물론 직접 점포를 운영하는 사람들의 현장 목소리를 담아 차별화를 꾀했다.

부동산 경매를 잡아라

전 철 著
〈신국판 / 248면 / 6,500원〉

법원경매든 성업공사 공매든 경매는 이제 누구나 쉽게 배우고 참여할 수 있게 되었다. 경매물건에 대한 마음가짐을 얼마나 유연하고 객관적인 자세로 평가할 수 있느냐가 성공의 지름길이다. 이 책은 부동산 경매에 대한 전반적인 원리를 누구나 알기쉽게 배울 수 있도록 설명했다. 특히 실전사례중심으로 실패없는 부동산 경매 방법을 체계적으로 정리한 실전 가이드다.

임대주택을 잡아라

최문섭 著
〈신국판 / 230면 / 6,500원〉

최근 다양한 부동산개발 유형이 쏟아져 나오고 있지만 자신이 소유하고 있는 땅에 가장 어울리면서 수익을 많이 올릴 수 있는 방법을 찾는 것은 쉬운 일이 아니다. 이 책은 자신이 소유하고 있는 땅의 위치, 교통 여건, 주변 생활환경 등을 따져 본 후 높은 수익을 올리고 미래 발전 가능성이 있는 최적방안을 여러 사례별로 제시, 임대주택으로 투자에 성공하는 방법을 담고 있다.

일본 쪼개보기

황인영 著

〈신국판 / 336면 / 7,500원〉

일본이 거론하고 있는 독도문제나 잇따른 우익 망언에 대해 논리적이고 설득력 있게 대응해야 한다. 이 책은 일본의 본질을 이해하기 위해 한일관계의 역사적 배경을 추적하면서 그들의 독특한 문화와 사고방식, 행동양식을 105가지의 짧은 얘기로 분석하고 있다. 특히 역사적으로 형성된 일본 특유의 무사도 정신과 장인정신, 직업 세습풍토의 배경과 그 실체를 벗기고 있다.

돈 굴러들어오는 장사성공의 비결

가라쓰 하지메 著
양병준 外 譯

〈신국판 / 288면 / 7,000원〉

이 책은 소매점에서 개인 손님을 응대하는 요령에서부터 각 기업체의 세일즈맨들이 회사를 상대로 할 때의 영업요령에 이르기까지 장사성공의 비결을 소개한 실용서다. 저자는 이 책을 통해 불황 속에서도 살아 남는 법, 팔리는 물건 만들기, 장사거리 및 판로찾기와 더불어 앞으로 일본이 맞이하게 될 국제화, 고령화, 환경문제에 대처하는 자세 등을 제시하고 있다.

사장님을 위한 5분 경제

손정식 著

〈신국판 / 388면 / 8,500원〉

경영일선에 있는 경영자가 매일매일 직면하는 경제·경영현상에 대해 기본적인 원리를 설명한 이 책은 경제현상을 올바로 이해하여 기업경영의 이론적 토대를 튼튼히 하는데 보탬이 되는 경제상식들만 모았다. 가격관리와 비용관리에서부터 기업전략, 경쟁과 윤리, 기업과 금융, 국제무역과 국제금융에 이르기까지 꼭 알고 있어야 할 경제원리들을 강의하듯 풀어서 설명했다.

대기업을 이기는 벤처비즈니스

마키노 노보루·강동우 著
유세준 譯

〈신국판 / 212면 / 5,500원〉

첨단 기술력과 재빠른 정보수집력을 갖춘 모험심 강한 중소기업이 대기업보다 훨씬 더 유연하게 시장상황에 대처하고 있으며 성공해 가고 있다. 마이크로소프트, 인텔 등이 그 예다. 이 책은 재편되고 있는 경제구조 속에서 앞서 나가고 있는 일본 벤처기업들의 사례와 실리콘밸리의 성공전략을 살펴보고 틈새시장을 공략하는 요령과 아이디어, 국제적 제휴전략 등을 다루고 있다.

시간이동

스테판 레트샤픈 著
형선호 譯

〈신국판 / 380면 / 9,000원〉

사람들에게 있어서 시간은 객관적인 것이 아니라 주관적인 것이다. 이 책에서 저자는 시간에 대한 사고방식을 바꿈으로써 자신의 인생에 대한 통제를 되찾을 수 있다고 강조한다. 그 과정을 통해 우리는 인생을 최대한 즐길 수 있으며 많은 시간을 우리 자신과 가족과 함께 더 한층 고양된 삶의 의미를 느낄 수 있다. 이 책은 명상서로서 자신의 삶을 컨트롤하는 방법을 제시한다.

소명으로서의 기업

마이클 노박 著
김진현 監譯

〈신국판 / 280면 / 7,000원〉

실업과 빈곤의 해결책은 무엇일까. 마이클 노박은 종교적 윤리 기반위에 선 민간기업만이 그 해결책이 될 것이라고 명쾌하게 주장한다. 민주자본주의 하에서 신학적·윤리적 기초를 갖는 기업이야말로 이윤창출기관인 동시에 민주주의와 인권을 증진시키는 기관이며 사회공동체를 만드는 기관이다. 기업의 위치, 정신의 설정과 사회관계 정립에 등불이 될 내용들이 가득하다.

마음을 치유하는 79가지 지혜

레이첼 나오미 레멘 著
채선영 譯

〈신국판 / 390면 / 7,500원〉

정신분석학자로서 영혼의 연금술사로 평가받는 저자는 보다 큰 평화를 가져다주는 것은 우리가 서 있는 바로 이곳, 또 이곳에서 만나는 사람들을 있는 그대로 받아들일 수 있게 해줄 치료제, 즉 영혼을 위한 약이 필요하다는데 초점을 맞추고 있다. 저자의 따뜻한 식탁의자에 영혼이 충만한 의사와 환자, 그리고 동료들이 둘러앉아 나누는 그들의 삶은 무한한 가능성의 목소리로 들린다.

복잡계란 무엇인가

요시나가 요시마사 著
주명갑 譯

〈양장·4×6판 / 284면 / 7,000원〉

세계는 복잡계(Complex System)열풍에 휩싸여 있다. 『무수한 구성요소로 이루어진 한덩어리의 집단으로 각 부분의 움직임이 총화이상으로 무엇인가 독자적인 행동을 보이는 것』으로 정의되는 복잡계, 복잡계 과학은 「잃어버린 세계로의 여행」이 될 것이다. 복잡계의 과학은 그 꿈을 현실화시킬지도 모른다. 21세기를 주도하게 될 최첨단 키워드, 복잡계의 모든 것을 담았다.

複雜界 경영

다사카 히로시 著
주명갑 譯
〈양장 / 224면 / 6,500원〉

복잡계 이론이 예언하는 21세기적 경영의 모든 것이 여기 있다. 복잡계는 세기말의 혼돈 속에 지식의 최첨단 이론으로 등장, 구미지역에서 폭발적인 관심을 끌고 있다. 이 이론은 세계를 몇 개의 단순한 요소로 환원할 수 없는 '부분 이상의 총화' 자기조직화의 동적 프로세스로 이해한다. 또 세계관의 근본적인 변화를 통해 탈근대시대의 새로운 경영, 경영자를 위한 경영학의 혁명을 꿈꾼다.

밀레니엄 -지난 1000년의 인류역사와 문명의 흥망-

펠리프 페르난데스-아메스토 著
허종열 譯
〈전2권 / 양장 / 560면 내외 / 각권 12,000원〉

지난 1000년을 마감하고 다음 1000년을 준비하기 위해 한 시대를 평가하기 보다는 새로운 시대를 창조하려는 의도로 문명의 운명에 대해 쓴 이 책은 유럽 중심적인 위장된 세계사가 아닌 진정한 세계사 정립을 위해 역사 이면을 자리매김하려고 노력했다. 인류역사의 주도권, 즉 민족의 힘은 태평양 주변국가에서 대서양으로 다시 태평양으로 옮아가고 있다고 주장하고 있다.

21세기를 여는 7가지 키워드

오마에 겐이치 著
임승혁 譯
〈양장 · 4X6판 / 254면 / 6,500원〉

다가오는 21세기에는 서구 선진국의 뒤만을 쫓을 수는 없다. 그들을 앞서나가기 위해서는 지금까지와는 다른 창의적인 발상, 새로운 전략, 확실한 준비가 필요하다. 21세기를 능동적으로 맞이하려는 사람들에게 띄우는 오마에 겐이치의 독특한 키워드. 1. 시간축 발상 2. 신커뮤니케이션론 3. 자유재량시간 4. 글로벌경쟁시대 5. 정보발신시스템 6. 이미지전략 7. 네트워크의 힘

김삼오 박사의 알짜배기 유학 가이드

김삼오 著
〈신국판 / 264면 / 7,000원〉

이 책은 단순하고 개략적인 유학안내서가 아니다. 유학을 궁리하거나 이미 가기로 결정한 학생, 그들의 부모가 함께 읽는다면 참신한 아이디어를 얻을 수 있다. 유학행정을 맡은 공무원, 대학 실무자, 교수들이 읽는다면 실질적인 도움을 얻을 수 있다. 왜 유학을 가야 하는가, 무엇을 배우려 하는가, 공부는 어떻게 해야 하는가, 외국과 국내 교육의 차이에 대해 알기 쉽게 설명하고 있다.

알기 쉬운 M&A와 주식투자

제해진 著
〈양장 / 336면 / 10,000원〉

M&A관련 주식투자는 위험이 높은 반면에 정확한 투자를 할 경우에는 수익도 막대해진다. 따라서 과학적 분석이 필수적이다. M&A에 조금이라도 관심있는 사람을 대상으로 기본적인 M&A이론과 유의사항을 설명하면서 국내외 사례를 통해 M&A전략과 주식시장에서의 M&A관련 주식투자 방안을 알기 쉽게 소개하고 있다.

제조물책임(PL)법과 기업의 대응방안

하종선 · 최병록 著
〈신국판 / 284면 / 7,500원〉

제조물의 결함으로 인해 소비자가 생명, 신체, 또는 재산상의 손해를 입었을 때 제조물 생산자 및 유통업자가 배상을 하는 최상의 소비자 보호제도인 제조물책임(PL)법이 곧 입법될 예정이다. 이 책은 제조물책임법의 성립과 배경을 알아보고 선진국의 주요 소송사례와 입법동향을 설명했다. 특히 우리나라 법의 제정방향과 기능 그리고 기업의 대응방안에 대해서 상세히 알려주고 있다.

X파일 비망록 I, II

N. E. 가인즈 著
한경훈 譯
〈크라운판 / 380면 / 7,500원〉

X파일 TV드라마는 오락성과 더불어 정보를 제공하는 극으로서의 역할을 충분히 하고 있듯이 이 책은 그러한 정보에 깊이를 더해주는 역할을 한다. TV극에서 못다한 X파일에 등장하는 배우들의 신상을 상세히 소개하고 멀더와 스컬리 두 요원이 펼쳤던 이론을 해부하며 퀴즈게임으로 X파일에 대한 소양을 체크한다. X파일 매니아를 위한 신세대 책이다.

드래곤 스트라이크

험프리 허슬리 · 사이먼 홀버튼 著
박병우 譯
〈신국판 / 540면 / 8,500원〉

2001년 2월, 중국은 〈드래곤 스트라이크〉라는 암호명 아래 베트남 공습을 시작으로 세계 패권전쟁에 돌입한다. 치밀한 자료수집과 정밀한 분석을 기초로 집필한 이 책은 재미와 미래예측서로서의 장점을 겸비한 소설아닌 소설이다. 각국의 군비태세, 외교전, 세계 외환석유시장에서의 책략이 손에 잡힐 듯 생생하게 그려졌다. 정교하고 사실에 기초를 둔 예측을 했다는 평가를 받고 있다.

안자(상·중·하)

미야기타니 마사미쓰 著
신봉승·김하중 譯
〈양장·4×6판 / 384면 내외 / 각권 6,500원〉

열국의 제후들이 대륙의 패권을 놓고 싸우는 춘추 시대를 배경으로 격동의 역사를 헤쳐나가는 명재상 안자의 일대기를 그리고 있다. 난세 속에서도 안자는 충(忠)과 의(義)를 지키며 정도(正道)만을 걷는다. 국가 경영의 참다운 모습, 인간관계의 원형을 보여주는 그의 독특한 철학을 통해 당시의 시대정신과 사회상을 조명한다.

창궁의 묘성(上·中·下)

아사다 지로 장편소설
이주영 譯
〈신국판 / 380면 내외 / 각권 6,500원〉

하늘보다 더 깊고 푸른 창궁(蒼穹), 그 한가운데 빛나는 숙명의 별 묘성(昴星)에 소망을 얹고 그 운명을 개척하는 청조말 풍운의 인물들의 권력과 야망을 그린 대하장편소설. 묘성을 수호성으로 태어난 가난한 말똥주이 소년 춘아는 천하의 보배를 손에 넣는다는 점쟁이의 거짓예언을 믿고 스스로 환관이 되어 천하의 여걸 서태후 자희의 측근이 되어 권력의 정점에 오른다.

인터넷 너쯤이야

김장호 著
〈국배판 변형 / 388면 / 15,000원(CD-ROM, 별책부록 포함)〉

인터넷에 접속하는 방법을 쉽고 간결하게 정리한 이 책은 어렵게 접속하고도 그 방대한 정보 때문에 엄두를 내지 못하고 제대로 사용하지 못하는 초보자들을 위해 쓰여졌다. 접속 후 하루에 한가지씩 1주일만에 접속에서부터 정보사냥, 인터넷으로 국제전화 거는 법, 자료 가져오는 법, 인터넷 채팅으로 이상형 만나는 법 등 인터넷을 배우는 방법을 소개했다.

PC통신과 인터넷에서 정보검색·정보관리

김성수 著
〈4×6배판 / 392면 / 12,000원(CD-ROM 포함)〉

그동안 안내서만 범람하던 컴퓨터 통신 출판시장에 PC통신과 인터넷에서 정확하고 빠르게 정보를 찾고 관리하는 방법을 자세히 소개하고 있다. 이 책은 이론적인 지식보다는 활용하는 방법을 중심으로 실생활에서 제대로 사용하는 요령을 다루고 있다. 부록 CD-ROM에는 마이크로소프트 인터넷 익스플로러 등 PC통신과 인터넷에서 정보를 찾기 위한 도구들이 실려 있다.

20대에 사장이 되자

다나카 신스케 著
신동설 譯
〈신국판 / 280면 / 7,500원〉

지금 젊음과 패기로 무장한 20대 사장들의 창업 신드롬이 일고 있다. 현대는 정보화사회로 뉴비즈니스, 벤처비즈니스가 각광을 받는 시대이다. 이 시대는 유연한 발상, 번뜩이는 아이디어, 강한 실천력을 가진 젊은 세대가 이끌고 있다. 이 책은 20대에 사장이 되는 구체적인 성공전략이 담겨 있다. 특히 20대에 회사를 세운 40명의 다양한 성공사례를 들어 독립의 꿈을 실현하는 데 실제적인 도움이 되도록 했다.

21세기 오디세이

마이클 더투조스 著
이재규 譯
〈양장 / 496면 / 12,000원〉

20년 동안 기술 전도사, 기업가, 경영 컨설턴트로서 정보혁명을 이끌어온 마이클 더투조스는 농업혁명과 산업혁명을 밀어낼 제3의 정보혁명에 대해 보다 폭넓은 관점을 제시한다. 저자는 21세기 글로벌 정보시장의 생생한 모습을 보여 주는 한편, 그 기술적인 문제점들을 폭로하고 한편으로 해결책을 제시하여, 영감에 가득찬 미래의 청사진을 제공한다. 보디넷, 전자 코, 촉각 인터페이스의 미래를……

여성 인재파견 시스템 100% 활용하기

정용섭 著
〈신국판 / 225면 / 6,000원〉

기업은 여성인재를 찾고, 여성인재들은 일자리를 찾아 헤매는 것이 현실이다. 취업난과 고용난을 동시에 해결하는 통쾌한 해법이 바로 여기 있다. 인재파견 시스템이 바로 그것이다. 하고 싶은 일을 원하는 시간에 원하는 회사에서 마음껏 할 수 있는 파견스태프가 되는 방법이 잘 나와 있다. 이제 기업도 능숙한 외국어에 막강한 사무능력을 갖춘 여성인재를 적절히 활용할 수 있을 것이다.

BQ창업시대 — 중소기업 창업가이드

이치구 著
〈신국판 / 190면 / 6,000원〉

학교공부를 잘 한다고 사업을 잘 하는 것은 결코 아니다. 지능지수(IQ)가 높다고 사업능력이 뛰어난 것은 더욱 아니다. 사업재능은 지능지수와는 다른 또 다른 능력, 바로 실천능력을 갖춰야 한다. 믿음과 목표의식이 따라줘야 한다. 그렇다면 이 사업능력을 평가하는 방법이 없을까. 사업을 하려는 사람은 비즈니스 IQ, 즉 사업지수(Business Quotient : BQ)가 좋아야 한다. BQ 항목에 세 가지만 해당되면 사표를 써도 좋다!

신을 거역한 사람들

피터 번스타인 著
안진환 외 譯
〈양장 / 540면 / 12,000원〉

세계적인 경영 컨설턴트인 저자가 리스크의 역사와 발전과정을 담았다. 탁월한 통찰력으로 현재의 시점에서 미래를 다루는 방법을 밝혀낸 여러 사상가들의 이야기가 담겨 있다. 리스크를 이해하고 측정하며 그 결과를 가늠하는 방법은 주목받을 만하고, 그리스시대부터 현재까지 인류의 다양한 위기의 순간들과 이를 헤쳐나가는 과정을 역사와 철학, 경제학 관점에서 돌아본다. 투자나 선택이 일상인 경영자들을 위한 책이다.

기업 최후의 전쟁 M&A

정규재 著
〈양장 / 518면 / 12,000원〉

이 책은 국내시장에서 치열하게 됐던 실제 기업전쟁을 실감 있게 그리고 있다. 이들 전쟁은 기업지배권의 탈취나 내분의 형태로, 외부의 공격자들과 기존 소유자들 사이에서 벌어진 것이다. 한국 대표기업 간 M&A의 실상과 이면사를 상세히 분석한 이 책은 때마침 한국기업의 위기와 금융산업 개편에 대한 논란이 진행 중이어서 특히 눈길을 끈다. 기업 M&A 이면사가 한 편의 소설처럼 박진감 있게 펼쳐진다.

월가 천재소년의 100가지 투자법칙

멧 세토 著
형 선 호 譯
〈신국판 / 344면 / 8,500원〉

10대 천재소년 멧 세토가 세운 뮤추얼 펀드의 연간 수익률은 단연 압도적이다. 이 소년은 〈월 스트리트 저널〉의 표지인물로 등장한 바 있으며, 전세계 투자자들이 조언을 듣기 위해 애쓴다. 17세에 억대 부자가 된 멧 세토가 100가지의 성공적인 주식투자 비법을 소개한다. 신선하고 반짝이는 그의 투자전략은 초보자들도 아주 쉽게 이해할 수 있으며 폭락과 반전을 거듭하는 우리 주식시장에서 성공을 보장할 것이다.

알기 쉽게 풀어쓴 새노동법 해설

윤 욱 현 著
〈신국판 / 520면 / 11,000원〉

1997년 3월 노동법이 전면 개정되었다. 개정 노동법은 개별적 노동관계법의 대명사인 근로기준법상의 변형근로시간제, 정리해고제 등을 도입하고 집단적 노동관계법에서 금지됐던 복수노조, 제3자개입, 정치활동 등을 허용했다. 이 책은 저자가 현장에서 직접 느끼고 체험한 노사간의 문제점들을 살펴보고 개정 노동법 전반을 알기 쉽게 해설한 책이다. 해당 법의 예시, 판례, 행정해석을 풍부히 들어 이해를 돕는다.

추락하는 일본경제

이 봉 구 著
〈신국판 / 364면 / 8,500원〉

일본이 미래에 대한 자신감을 잃고 있다. 일본경제는 물가, 부동산, 주가 등이 동반하락하는 디플레이션 현상까지 나타나는 대변혁기를 맞고 있다. 개인이나 기업의 자산이 줄고 경제성장률도 제자리걸음을 면치 못하는 사면초가의 상황에서 일본은 초조하다. 저자는 90년대 초 한국과 80년대 말 일본을 비교하면서, 일본경제의 위기와 이를 헤쳐나가려는 일본기업의 몸부림을 타산지석으로 삼으라고 제언한다.

트랜스포메이션 경영
─IMF시대의 기업생존전략─

이성용(Sunny Yi) 著
〈신국판 / 352면 / 9,500원〉

한국 유수의 기업들도 트랜스포메이션을 알고 있으며, 트랜스포메이션을 했다고 주장하는 기업도 있다. 그러나 제대로 된 트랜스포메이션을 수행한 기업은 거의 없다. 이 책은 트랜스포메이션의 필요성, 그 방법과 대상, 수행도구, 외부의 적절한 도움에 대한 정보를 망라했다. 전문용어를 극도로 자제하면서 기업경영뿐 아니라 한국경제가 나아갈 길, 제대로 된 트랜스포메이션의 방법을 요령 있게 제시했다.

칭기즈칸 일족 전 4 권

진 순 신 著
서 석 연 譯
〈전 4 권 / 신국판 / 각권 7,000원〉

전설 속에 묻혔던 칭기즈칸을 생생한 역사적 인물로 되살려 냈다. 3년여 동안 아사히 신문에 연재되어 일본열도를 열광시킨 진순신의 최신작이다. 가장 짧은 시간에 가장 넓은 영토를 차지한 칭기즈칸과 그 일족의 세계제국 건설사가 유장하게 펼쳐진다. 치열한 권력투쟁, 끊임없는 배신과 모반…… 그러나 강인한 투쟁력과 야성으로 세계경영에 성공한 칭기즈칸과 일족의 투쟁사는 위기를 맞은 우리에게 청량한 자극이 될 것이다.

열린 세계와 문명창조

기 소르망 著
박 선 譯
〈양장 / 428면 / 13,000원〉

기 소르망은 서로 다른 문화가 충돌하는 유럽, 러시아, 중국, 일본, 아프리카, 라틴아메리카의 국경으로 우리를 이끈다. 이 책은 서양인의 독백이나 나르시시즘이 아니라 바로 한반도에 대한 진단이며 치료제가 될 수 있다. 통독 이후의 문제, 북한의 실상(본문의 「아홉번째 여행」 참조)과 우리의 미래, 미국화로 상징되는 맥몽드(McMonde)의 악몽 속에서 나름대로의 대응법을 찾을 수 있기 때문이다.